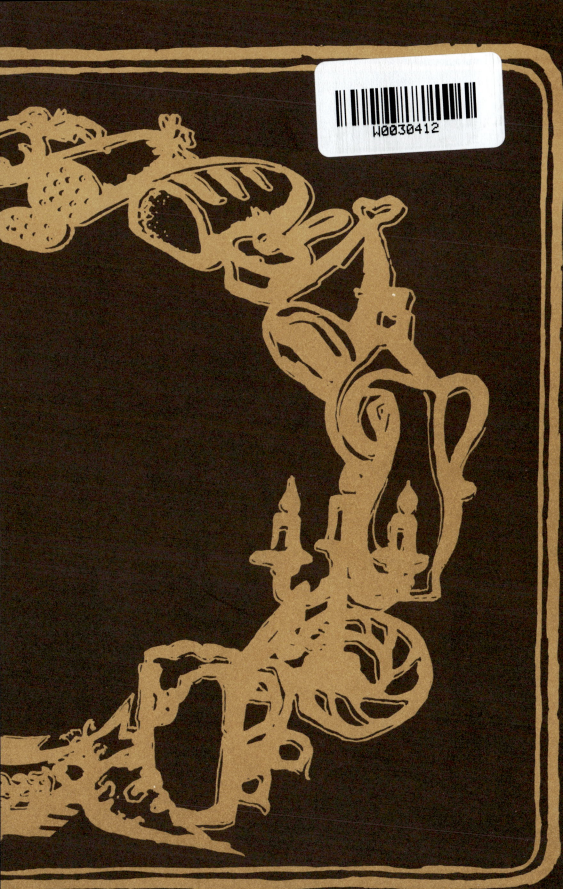

# Kulinarische Streifzüge durch Franken

# Frank Gerhard

# Kulinarische Streifzüge durch Franken

sigloch edition

Die Rezeptfotos ab Seite 44 wurden exklusiv
für dieses Buch aufgenommen von
Hans-Joachim Döbbelin, Schwäbisch Gmünd

© 1980 Sigloch Edition, Künzelsau – Thalwil – Straßburg – Salzburg
Nachdruck verboten. Alle Rechte vorbehalten. Printed in Germany
Regie: Rudolf Werk
Satz: Setzerei Lihs, Ludwigsburg
Druck: W. Kohlhammer, Stuttgart
Reproduktionen: Otterbach-Repro, Rastatt
Papier: 135 g/qm BVS der Papierfabrik Scheufelen, Lenningen
Einbandgestaltung: Peter Mueck
Bindearbeiten: Buchbinderei Sigloch, Künzelsau und Leonberg
Auslieferung an den deutschen Buchhandel: Stürtz Verlag, Würzburg
ISBN 3 8003 0147 4

Es gibt nicht viele Rezepte, die sich exakt einer
Landschaft oder einem Volksstamm zuordnen
lassen. Meistens sind die Grenzen mehr oder
weniger fließend. Oft kennt man ein und das-
selbe Gericht in anderen Ländern unter anderem Namen. In der fränkischen Küche sind
die Einflüsse aus Bayern, Schwaben, Böhmen
und Österreich unverkennbar. Aber auch zu
Thüringen, Sachsen, ja selbst zu Schlesien
sind wechselseitige Beziehungen feststellbar.
Die fränkische Küche ist so vielgestaltig wie die
Landschaft selbst. Und dennoch haben sich
hier Eßgebräuche herausgebildet, die man
anderswo so ausgeprägt nicht findet. Die kulinarischen Besonderheiten Frankens aufzu-
spüren, ist Aufgabe dieses Buches.
Also haben wir der fränkischen Hausfrau in die
Küche geschaut, in alten Rezeptbüchern und
überlieferten Notizen geforscht, aber auch
einen Blick in Topf und Pfanne renommierter
Gastronomen im Lande geworfen.
Wir haben einfache fränkische Gerichte gefunden, die sich wieder steigender Beliebtheit
erfreuen. Wir haben auch raffinierte Kompo-
sitionen entdeckt, die Können und Erfahrung
erfordern. Hinzu fügten wir Wissenswertes zur
Geschichte des Landes, Tips, Anekdoten und
Histörchen.
Kurzum, dieses Buch ist das Ergebnis eines
kulinarischen Streifzuges durch Franken, und
so möge es – nicht zuletzt durch seine herrli-
chen Bilder – jedem etwas bringen, dem Leser
im Lande wie auch dem auswärtigen Gast.

Autor und Verlag, im September 1980

# Bocksbeutelland

Im Jahre 1806 schrieb Goethe aus Jena seiner gerade angetrauten Christiane: „Sende mir noch einige Würzburger; denn kein anderer Wein will mir schmecken und ich bin verdrießlich, wenn mir mein gewohnter Lieblingstrank abgeht."

Diese Liebe zum Frankenwein teilte Goethe mit anderen illustren Geistern, so mit Franz Liszt und Richard Wagner, und getreu dem Goethewort „Wenn man getrunken hat, weiß man das Rechte" haben es ihnen bis heute Millionen nachgetan. Und dies ist der beste Beweis für die Qualität des Weines im Bocksbeutel, der unter den Weinen Deutschlands eine Besonderheit darstellt, mit seinem eigenen Charakter — man merkt es übrigens beim Kauf einer guten Flasche: Besondere Qualitäten wollen besonders gut bezahlt sein.

Um gleich beim Bocksbeutel zu bleiben und mit alten Legenden einmal aufzuräumen: Der Name leitet sich nicht vom niederdeutschen „boksbüdel" ab, einem Tragbeutel, in dem früher die Hamburgerinnen ihr Gebetbuch und die Ratsherren das Statutenbuch trugen. Diese bauchigrunde, gedrungen geformte Flasche ähnelt nun einmal dem Hodensack des Bockes — da helfen weder Zimperlichkeit noch Prüderie. Aber der heilige Kilian, irischer Wanderbischof und fränkischer Winzerheiliger, der zur Merowingerzeit um 680 in Franken zu missionieren versuchte, führte beileibe nicht den Bocksbeutel mit sich. Er brachte seinen Meßwein noch in Schläuchen, doch auch das half ihm nicht viel, denn er wurde von den Würzburger Fürsten um 689 hingerichtet. Erst rund hundert Jahre später wird der Weinanbau urkundlich erwähnt — um 1200 Jahre Weingeschichte also, und das will in unserer kurzlebigen Zeit etwas heißen! Doch kommen wir zu den Lagen: Ein Menschenleben wird kaum ausreichen, sie alle durchzuprobieren, denn es gibt Hunderte von Gemarkungsbezeichnungen, gut 160 Winzergemeinden und über 3000 Hektar Rebfläche. Würzburg ist das Zentrum der recht zersplitterten fränkischen Rebpflanzungen, sie reichen bis in die Gegend von Schweinfurt und den Haßbergen, im Norden saaleaufwärts zu den Rhönkuppen, im Westen bis hinter die Hochwälder des Spessarts bei Aschaffenburg, im Süden tauberaufwärts bis zum Rand der Frankenhöhe und östlich bis zum Steigerwald. Der Main ist dabei die Schlagader, und wer jemals auch nur einen kleinen Teil der sogenannten „Bocksbeutelstraße", beginnend an der Bamberger Adamspforte bis zur Rieslingquelle des Klosters Seligenstadt, abgefahren oder sich erwandert hat, kann den Reichtum dieser Landschaft erahnen.

In den Hauptanbaugebieten Maindreieck (Schweinfurt — Ochsenfurt — Gemünden) und Mainviereck (Gemünden — Wertheim — Miltenberg — Aschaffenburg) wälzt sich der Main in immer neuen Drehen, Kehren und Wenden vorbei an romantischen Städten und Dörfern, an versteckten Schlössern und Burgen. Er schmiegt sich durch die sanften Rebhügel und die sonnendurchfluteten Hänge einer Landschaft, die mehr Sonnenscheintage verzeichnet als etwa Trier an der Mosel.

Wo der Main am lieblichsten und die Landschaft am heitersten, da reimt sich für den Kenner Wein auf Stein, und damit sind wir bei der Hausmarke der Würzburger, einem Tropfen, dessen Lage als die größte zusammenhängende Lage Deutschlands gilt — insgesamt 110 Hektar.

Der Würzburger Steinwein vom Steinberg am rechten Mainufer unterteilt sich in die Terrassen Steinharfe, Steinmantel, Jesuitenstein,

*Die Bocksbeutelflasche, geschütztes Wahrzeichen des guten Frankenweines. Seit nahezu 3000 Jahren ist diese eigenwillige Flaschenform bekannt. Obwohl automatische Abfüllung und ökonomische Lagerung dieser Flaschen problematisch ist, halten die Franken an der Bocksbeuteltradition fast eifersüchtig fest.*

# ...,den komma trink'n

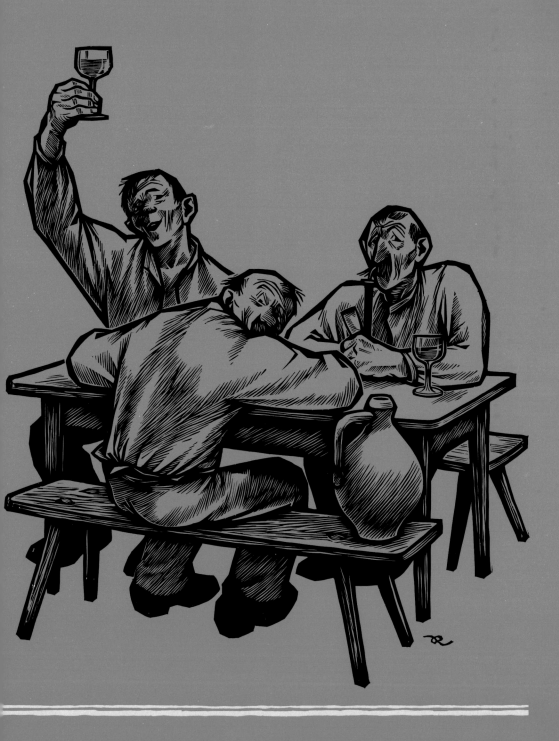

Löwenstein, Stauderbühl, allesamt geprägt durch den grauen Kalk und den Muschelkalkstein, auf dem sie wachsen. Bemerkenswert ist die Tatsache, daß die Flaschenetiketten dieser Lagen sich bereits seit der Rokokozeit mit dem Lagennamen schmücken dürfen. Im wesentlichen wachsen im Steingebiet Rieslinge von würzigem Feuer und kraftvoller Rasse, doch auch Silvaner, die lieblicher, leichter, süffiger munden, mit einer deftigen, erdigen Blume.

An Qualität stehen die Weine der Würzburger Leiste jenen des Steinbergs kaum nach. Diese liegen auf der Südflanke der Schloßfestung Marienberg und sind überwiegend Silvaner, von Kennern als einer der besten, wenn auch nicht typischsten unter den Frankenweinen geschätzt. Die Leiste ist ein langgezogener Südhang mit Muschelkalk-Verwitterungsböden, die Innere Leiste stellt dabei den wertvollsten Teil dar und befindet sich im Besitz der Staatsweingüter. Fast gleichwertig sind die Weingärten der Äußeren Leiste, die sich meist im Besitz des Julius- und des Bürgerspitals Würzburg befinden.

Vom Riesling einmal abgesehen, hat der Silvaner in Franken seine beste Pflegestätte, und die Mainweinhäcker, wie dort die Winzer genannt werden, bringen mit ihren Silvaner-Beerenauslesen und den Trockenbeerenauslesen wahre Wunderwerke zustande. Heute überwiegt in Franken der gelbe Silvaner, der herzhafte, körpervolle Weine hervorbringt. Sie sind zwar nicht so rassig wie der Riesling, dafür aber um so süffiger und — beseligender. Wer jemals den Randersackerer Pfülben, den Escherndorfer Lump, in Iphofen den Julius-Echter-Berg, den Scharlach in Thüngersheim oder den Kallmuth in Homburg genossen hat, wird mit einstimmen in das Hohelied auf den Frankenwein:

Es riecht nach Dauben und Fässern,
Fruchtdumpfig
In den Kellern liegt der verborgene Schatz
Still mit sich redend,
Betrunkene
Verse sprechend.
Und das wortlose Echo durchduftet die Gassen.

Dieses Lob auf den Frankenwein stammt von dem Niederbayern Georg Britting, und es ist daher unverfänglich. Wir können es getrost auf die Lagen im Mainviereck übertragen, in dessen Mitte der Spessart liegt und wiederum in dessen Mitte das Schloß Mespelbrunn träumt, aus dem der berühmte Fürstbischof Julius Echter stammte, der das Land 44 Jahre lang regierte und dafür sorgte, daß es sich von den verheerenden Folgen der Bauernkriege erholen konnte. Einige Namen sollte man sich hier ins „Weinnotizbuch" eintragen: den bereits erwähnten Kallmuth aus Homburg, den Kaffelstein aus Wertheim, Mainhölle, Steingrübler und Centgrafenberg aus Bürgstadt und Miltenberg, nicht zu vergessen den Abtsberg von Hörstein im Spessart.

Wer an der Schwelle zwischen Spessart und Odenwald Station macht, sollte nicht versäumen, den Roten vom Main zu probieren. Der hier wachsende Früh- und Spätburgunder hat die Orte Großheubach, Bürgstadt und Miltenberg für den Kenner unvergeßlich gemacht. Wer einmal die Lagen des Klingenberger Schloßberg oder Ochsberg genossen hat, wird dies nachempfinden können. Man darf ruhigen Gewissens behaupten, daß sie unter den deutschen Rotweinen mit die vorderen Plätze einnehmen. Der Frühburgunder, hier übrigens „Süßschwarzer" genannt, liegt im Geschmack zwischen einem Beaujolais und einem Bordeaux. Der auf dem nährstoffreichen Urgestein und auf Buntsandstein wachsende Spätburgunder ist vor allem in den letzten Jahren stets verbessert worden.

Lassen Sie sich ruhig einmal verführen und nehmen Sie sich viel Zeit für eine Weinprobe. Eine Silvaner-Spätlese vom Iphöfer Julius-Echter-Berg, eine Traminer-Auslese vom Würzburger Stein, ein Klingenberger Schloßberg-Riesling oder ein Spätburgunder vom Würzburger Pfaffenberg — sie alle sind charakteristische Frankenweine und lassen sich doch nicht unter einen Hut bringen. Hierin ähnelt der Charakter des Weines denen der Menschen, denn auch sie sind nicht über einen Leisten zu schlagen, eher vielschichtig und widersprüchlich.

# Geistliche Macht – weltliche Herrlichkeit

„Franken ist wie ein Zauberschrank; immer neue Schubfächer tun sich auf und zeigen bunte, glänzende Kleinodien, und das hat kein Ende. Wer Deutschlands geheimste jungfräuliche Reize genießen will, der muß nach Franken reisen!" So schrieb der Dichter Karl Immermann – ein waschechter Preuße übrigens – vor hundertfünfzig Jahren, als man in Deutschland noch mit Wanderstab und Postkutsche die Lande bereiste.

Wer heute ins Land der Franken reist und Augen und Ohren offenhält, wird das Gleiche sagen können, vorausgesetzt, er nimmt sich ein wenig Zeit und Muße für die großen landschaftlichen Reize, die in abwechslungsreichen Bildern von sonnigen, fruchtbaren Tälern voller Wein- und Obstkulturen über lebhaft getönte Felspartien, enge Waldschluchten bis hin zu breiten, sich behäbig gebenden Ebenen reichen.

Die Landschaft ist hier sehr viel enger als sonst mit den Bauwerken verbunden, denn der warmtonige Buntsandstein, der Muschelkalk und das Holz der großen Wälder lieferten den Franken seit Jahrhunderten die Materialien für ihre prachtvollen Bauwerke: Behagliche Fachwerkhäuser, spitzgiebelige Gotik, deutsche Renaissance und prunkvoller Barock mit den mannigfachen Erkern, Portalen und sonstigem Bauschmuck zeichnen auch heute noch Würzburg und Bamberg aus, ebenso das von dichtem Kiefernwald eingeschlossene Nürnberg und die vielen kleinen Landstädte – stellvertretend für viele seien hier nur Dinkelsbühl und Rothenburg genannt.

Es sind wahre Perlen deutscher Kulturgeschichte und Baukunst, und in der mehr als tausendjährigen Geschichte Frankens haben Fürstengunst und Bürgerstolz Kleinodien entstehen lassen, die in dieser Häufung in Deutschland ihresgleichen suchen. Ein Blick in die Geschichte zeigt, daß Franken große Hindernisse aus dem Weg zu räumen hatte, um zu seiner Einheit zu finden.

Wann und wie das Frankenland zuerst besiedelt wurde, ist uns unbekannt. Einige Höhlenfunde im Altmühltal bezeugen immerhin, daß bereits zur älteren Steinzeit Bewohner vorhanden waren. Erst aus dem ersten Jahrhundert v. Chr. berichten römische Geschichtsschreiber von keltischen Bojern im Maingebiet, und um 100 v. Chr. begann auch die Einwanderung von Germanen aus Thüringen, deren weiteres Vordringen jedoch durch die Römer aufgehalten wurde. Die römische Herrschaft hingegen dehnte sich nicht weiter über Franken aus, denn der Limes, also die Grenze ihres tatsächlichen Herrschaftsgebietes, zog sich von den weißen Wänden der Donauengen bei Hienheim über das Altmühltal hinein in das Gebiet, wo sich Altmühl und Rezat nahekommen und südlich von Weißenburg die Wasserscheide zwischen Rhein und Donau liegt.

Die Franken, eine ursprünglich im Weser-Rhein-Gebiet beheimatete Vereinigung germanischer Stämme, nahmen ab 496 allmählich das Christentum an und trugen es im Verlaufe der Völkerwanderung in das Gebiet des heutigen Frankenlandes. 532 erfolgte die Angliederung Thüringens an das fränkische Reich, im siebten Jahrhundert wurde es als „Grenzherzogtum" fränkischer Vasallenstaat und Würzburg Sitz der Hofhaltung der Fürsten. Von hier aus erfolgte auch die eifrige Kolonisation des Landes und seine Urbanisierung. Missionierende Mönche brachten in das weitgehend von Wald bedeckte Land die Pflege des Garten- und Obstbaus sowie des Weinstocks, dessen Anpflanzung 776 zum ersten Mal erwähnt wird. Der Einfluß der Kirche verstärkte sich durch die Errichtung von Bistümern (Würzburg 742, Eichstätt 745), durch Klostergründungen und Kirchenbauten.

Die Ausbreitung der fränkischen Siedlung und des fränkischen Wesens wurde stark begünstigt durch die Gauverfassung Karls des

# ..., in's Land der

# Franken fahren

*Malerische Gäßchen mit Kopfsteinpflaster, ein wehrhafter Torturm, Fachwerkhäuser aus dem Mittelalter, einladende Wirtshausschilder und gemütliche Weinstuben – das alles findet man in einem typischen Frankenstädtchen wie hier in Prichsenstadt bei Kitzingen.*

Großen und die daraufhin von den Gaugrafen erbauten Waffenplätze und Burgen, insbesondere aber durch das 1007 gegründete Bistum Bamberg. Dessen Hauptaufgabe bestand darin, das Obermaingebiet fest in das deutsche Herrschaftsgebiet einzufügen. In der Folge wurden zahlreiche neue Dörfer errichtet, von denen viele seit dem 12. Jahrhundert als Kirch- und Pfarrdörfer bezeugt sind.

Die Bistümer Bamberg und Würzburg erweiterten stetig ihre Besitztümer und stärkten ihre landesherrliche Machtstellung und ihre Rechte. Mit dem 13. Jahrhundert trat eine neue weltliche Macht in Franken auf: die Burggrafen von Nürnberg aus dem Geschlecht der Zollern. Während der Wirren des sogenannten Interregnums (1254–1273), als die von den Staufern geschaffene Regierungsordnung zusammenbrach, versuchte die Bürgerschaft der vielen stolzen Städte Frankens mehr Rechte und mehr Einfluß zu erlangen. Damit begann die Blütezeit der Reichsstädte wie Nürnberg, Rothenburg, Schweinfurt und Dinkelsbühl. Die Bedeutung des fränkischen Rittertums hingegen nahm in dieser Zeit der Zersplitterung des Reiches ständig ab.

Mit der raschen Ausbreitung des Gedankenguts der Reformation im fränkischen Raum kam es zu Aufständen der Bürger und Bauern gegen den Adel und die geistlichen Fürsten. Der Bauernkrieg brach 1525 nach einigem „Wetterleuchten" im Schüpfer Grund (westlich von Mergentheim) und im Rothenburger Land los und ging nicht etwa von den ärmeren Bauern aus, sondern von jenen, die sich zu hoch belastet fühlten. Man kann heute kaum nachempfinden, welcher Tribut den besitzenden Bauern abgefordert wurde: neben dem Zehnten für Kirche und Grundherrn die Fastnachtshühner, Ostergaben, das Besthaupt (nach dem Tod des Familienvorstands das beste Stück Vieh für den Grundherrn) – über das ganze Jahr hinweg mußten Abgaben geleistet werden. Während des Krieges gingen

*Zu den großartigsten Zeugnissen mittelalterlicher Brückenbaukunst zählt die Doppelbrücke über die Tauber unterhalb von Rothenburg.*

über 250 Burgen und Schlösser in Flammen auf, doch mit der Zerstörung der Wahrzeichen der Unterdrücker war nichts gewonnen.

Florian Geyer, der fränkische Reichsritter, übernahm die Führung des sogenannten Tauberhaufens, dem sich die kleineren fränkischen Städte anschlossen. Die Entscheidungsschlacht bei Ingolstadt, einem Dorf südlich Würzburg, ging jedoch verloren, und Florian Geyer wurde von einem Knecht seines Schwagers erschlagen. Dieser großen volkstümlichen Figur hat der Dichter Gerhart Hauptmann sein Bauernkriegsdrama gewidmet.

Die Stützen der Kaiser wurden die vier geistlichen Fürstentümer (die Hochstifte Bamberg, Würzburg, Eichstätt und das Hochmeistertum Mergentheim) sowie vor allem die Reichsstädte, die nur dem Kaiser Tribut schuldeten und deshalb auch gelegentlich verpfändet wurden: Nürnberg, Weißenburg am Sand, Windsheim, Rothenburg, Schweinfurt. Als Kuriosum seien auch die freien Reichsdörfer Gochsheim und Sennfeld, gegenüber von Schweinfurt am Main gelegen, genannt.

Nürnberg erhielt kurz vor 1050 seine Burg und erweiterte damit seine Bedeutung gegenüber den Nachbarorten. 1112 wird es urkundlich als Zollstätte ausgewiesen, und besonders seit dem 14. Jahrhundert macht sich durch die Gunst des Kaisers ein stets zunehmender Wohlstand der gewerbetüchtigen Stadt breit. Nürnberg ist neben Augsburg mit seinen berühmten Fuggern Hauptstapelplatz des über Venedig laufenden Orienthandels, und als die Stadt 1424 die Reichskleinodien zur Aufbewahrung erhielt, war damit ihre Stellung als erste deutsche Reichsstadt anerkannt. Zu Anfang des 16. Jahrhunderts betrug die Größe ihres Gebiets 110 Quadratkilometer. Es war dies zugleich die Zeit der Hochblüte von Kunst, Handwerk und Wissenschaft. Stellvertretend seien hier nur die Namen Veit Stoß, Adam Kraft, Peter Vischer, Albrecht Dürer und Hans Sachs genannt. Die Entdeckung des Seeweges nach Ostindien gab Nürnbergs Handel einen schweren Stoß, noch mehr litt die Stadt dann unter den Folgen des Dreißigjährigen Krieges. Erst Anfang des 19. Jahr-

hunderts wurde sie in den größeren Staatsverband Bayerns eingegliedert.

Die zweite Reichsstadt, Rothenburg ob der Tauber, war bereits 804 eine Ortschaft mit einer Burg, im 14. Jahrhundert erhielt sie einen besonders starken Gebietszuwachs, so daß sie bis 1505 ein größeres Territorium als Nürnberg besaß. Im späten Mittelalter wurde sie als „deutsches Jerusalem, die hochgebaute Stadt" gepriesen. Noch heute zeigt Rothenburg vieles von seinem ehemaligen Reichtum, doch auch hier haben die Zerstörungen des Zweiten Weltkrieges schweren Schaden angerichtet. Das „Doppelgesicht" der Stadt hat Wilhelm Heinrich von Riehl 1865 gezeichnet, und es ist auch heute noch gültig: „Vorn vorn der enge Talgrund des Flusses, felsige Anhöhen, bedeckt mit Weingärten zwischen Buschwerk und Gestein, die Stadt mit ihren vielen Türmen und Mauern, wie eine große Burg die Höhe bekrönend, dazwischen die Felsenzunge des eigentlichen Burgberges, auf welchem jetzt neben der alten Kapelle nur noch mächtige Bäume aufragen statt Bergfried und Palas. Von hinten dagegen sanft ansteigende Ackerflächen, Hopfenstangen statt der Rebenpfähle, und nur auf der langen obersten Linie des Hügelrückens Turmspitze an Turmspitze . . . Vorn Wein, Bergwildnis und Romantik, hinten Bier, Hügelfläche und prosaische Kultur."

Die drei anderen Reichsstädte hatten weitaus geringere Bedeutung und auch nur geringe Territorien, dennoch waren sie stolz auf ihre Unabhängigkeit von den geistlichen Fürsten. Erinnert sei hier nur an Schweinfurt, dessen Stadtrecht auch für kleinere fränkische Städte vorbildlich wurde und deren großer Sohn Friedrich Rückert einst seufzend reimte:

Kann man eine Stadt erbauen,
Um den Namen dann
Ihr zu geben, den mit Grauen
Man nur nennen kann?
Hättest Mainfurt, hättest Weinfurt,
– Weil du führtest Wein –,
Heißen können; aber Schweinfurt,
Schweinfurt sollt' es sein.

Doch hier irrte Rückert, denn die Stadt hat ihren Namen von der Furt am „swin" (Sumpf) und nicht vom Borstenvieh.

Neben den stolzen Reichsstädten sind noch eine Anzahl anderer „reichsunmittelbarer" Gebiete im Frankenland zu nennen: Der Fürstabt von Fulda hatte im Saale- und Sinngebiet sowie in der Rhön ausgedehnte Besitzungen, dem Erzbischof von Mainz gehörten das Aschaffenburger Land und große Teile des Spessarts. Unter dem hohen Adel sind vor allem die Burggrafen von Würzburg, die Grafen von Castell, Hohenlohe, Rieneck, Wertheim sowie die Schenke von Limpurg mit großen Besitzungen ausgestattet gewesen.

Der Dreißigjährige Krieg und die Reformation hatten so manche Gebiets- und Herrschaftsänderung mit sich gebracht. Der größte Teil der Ritterschaft schloß sich dem evangelischen Glauben an, doch wurden Ansätze zu seiner Ausbreitung in den geistlichen Gebieten durch die Gegenreformation und die Ausweisung von Protestanten unterdrückt. Im Dreißigjährigen Krieg hatte das Frankenland viel unter Raub und Plünderungen zu lei-

den, denn zur Zeit des großen Gustav Adolf war es für längere Zeit Kriegsschauplatz. Die danach verödeten Landstriche Frankens wurden teilweise mit vertriebenen französischen Hugenotten besiedelt und in dem für sie vergrößerten Erlangen 1743 die Universität gegründet, wodurch die Universität Altdorf gänzlich an Bedeutung verlor.

Im Jahre 1791 kamen die markgräflichen Fürstentümer Ansbach und Bayreuth durch Vertrag an Preußen. 1803 erhielt Bayern durch den Reichsdeputationshauptschluß in Franken die geistlichen Gebiete Würzburg und Bamberg sowie Teile von Eichstätt, 1806 durch die Rheinbundakte auch Nürnberg und das Fürstentum Ansbach. 1810 kam noch Bayreuth hinzu, das zeitweise unter französischer Verwaltung gestanden hatte, 1814 schließlich das Aschaffenburger Land, und 1920 schloß sich Coburg an Bayern an, wodurch das Frankenland vollständig mit Bayern vereinigt war. Mit den drei bayerischen Regierungsbezirken Mittel-, Ober- und Unterfranken lebt das Frankenland seit 1837 als politischer Begriff bis zum heutigen Tag fort.

# Fränkisches Mosaik

Franken war und ist ein Land der Mitte innerhalb Deutschlands und Europas, ein Land des Mittlertums zwischen Ost und West, Nord und Süd. Franken wurde zu einem Sammelbecken und gewissermaßen zum Schmelztiegel der Menschen, Einflüsse und Ideen zu allen Zeiten. Zwar ist es jeweils ziemlich gleich weit entfernt von Paris und Wien, von Madrid und Moskau, vom Mittelmeer und Nord- und Ostsee — und dennoch wurde es nicht zur Drehscheibe des Ganzen, es besaß nie eine über die Grenzen hinaus bekannte Hauptstadt, keinen herausragenden Herrscher, seine Geschichte rechnet nicht nach großen Königen oder Fürsten. Franken ist vielmehr in seinen unzähligen territorialen Verschachtelungen vielschichtig und mehrgesichtig geblieben, und es wird wohl niemanden geben, der überzeugend sagen könnte: „Das ist Franken!" Franken wird sich dem schnellen und eindeutigen Zugriff des Betrachters stets entziehen, und man sollte daher ruhig dem Rat Victor von Scheffels folgen und ins Land der Franken fahren, um die Menschen und ihre Heimat sehen und erleben zu können. Nur dann wird man die Vergangenheit des Landes mit dem großen Namen begreifen und seine Zukunft erahnen.

Mittelfranken zwischen dem großen Jurabogen und den Höhenzügen von Steigerwald und Frankenhöhe ist eine Art Klammer zwischen Altbayern und Mainfranken, zwischen Schwaben und Oberfranken. Es ist aus der Markgrafschaft Ansbach und dem Fürstbistum Eichstätt zusammengewachsen. Ansbach, seit 1456 Residenz der Burggrafen, des späteren Fürstentums Brandenburg-Ansbach, prunkt noch heute mit der ehemaligen Stiftskirche St. Gumbert, der ehemaligen Hofkanzlei, dem Prinzenschlößchen und dem

*Das malerische Dinkelsbühl ist immer noch ein fränkisches Bilderbuchstädtchen. Hier eine Szene am Stadtgraben.*

# Dou, wo die Hosen Hus'n...

...und die Hasen Hos'n hasen... Dort also, wo dieses typisch fränkische Wortspiel verstanden wird, fühlt sich der Einheimische, aber auch der Gast wohl. So wie hier in einem Nürnberger Bratwurststüble, in einem urgemütlichen, zünftigen und immer mit Leben erfüllten Wirtshaus.

Schloß, dessen Vollendung mehr als ein Menschenalter beanspruchte. Eichstätt an der Altmühl gehört zu den wenigen vorkarolingischen Gründungen in Franken und schmückt sich mit der ehemaligen fürstbischöflichen Residenz und einem wuchtigen Dom, dessen Bau auf Bischof Willibald, den späteren Schutzpatron der Stadt, zurückgeht.

Die reinste Ausprägung fränkischen Stadtwesens erlebt der Besucher hingegen in Rothenburg und Dinkelsbühl — beide Städte sind angehäuft mit geschichtsträchtigen Kostbarkeiten, die sich jeder Beschreibung entziehen. Wer jemals in Rothenburg weilt, sollte es nicht versäumen, an der Ratstrinkstube zu beobachten, wie an der dort angebrachten Kunstuhr das Konterfei des Altbürgermeisters Nusch um 11, 12, 13 und 14 Uhr einen Humpen leert, und die Legende berichtet, daß der Feldmarschall Tilly nach der Eroberung der Stadt nur dann von Repressalien absehen wollte, wenn einer der Ratsherren den Pokal mit 13 Schoppen (3,25 Liter) Wein in einem Zug leeren könne. Am Wohnhaus des Erretters Georg Nusch, dem „Roten Hahn" in der Schmiedgasse, ist eine Inschrift angebracht, die den Betrachter zum Nachmachen ermuntert — soviel man weiß, ist es bisher niemandem gelungen, diese Prozedur ohne gewisse Schäden zu überstehen.

Doch dann der Griff ins Große, ins Weltläufige: die Reichsstadt Nürnberg, von der der große Sebastian Münster in seiner Kosmographie 1541 schreibt, daß sie „auff ganz und gar ungeschlachtem und sandichtem Boden mit desto sinnreicheren Bauherrn und Werkmeistern" errichtet worden sei. In der Tat muß Nürnberg einmal prächtiger und gewaltiger in seinen Dimensionen gewesen sein als andere Städte, und die Venezianer sagten im Mittelalter, daß dies die einzige unter den deutschen Städten sei, die Augen habe, um zu sehen, und Ohren, um zu hören.

Den Eindruck, den Nürnberg auf einen Rei-

senden zur Zeit der Postkutsche hinterlasser hat, schildert eindrucksvoll der Schwede Pe Daniel Atterbom, der, von Bamberg kommend, morgens um 7 Uhr die altdeutsche Reichsstadt erreicht:

„Stell Dir in einer der schönsten und fruchtbar sten Gegenden, die man sich denken und wün schen kann, eine zahllose Schar von Türmer vor, von Kirchen, Häusern und Gemäuern alle in einem traditionellen, zum großen Teil ir dem schönen, schlanken, nach oben gereck ten gotischen Stil errichtet, und am höchster von allen die uralte, auf einer gewaltigen Ber geshöhe erbaute Kaiserburg, die so alt ist, daß ihre Gründung außerhalb der Grenzen vor Nürnbergs Historia liegt; stell Dir außenherum die noch erhaltene Stadtbefestigung in Gestal rüstiger Gräben, Wälle und Brücken vor davor eine Art Totenstadt und Reliquienresi denz von Kapellen und Friedhöfen; drinner wiederum, wo die Lebenden ihre Wohnunger haben, eine unüberschaubare Menge vor Gebäuden, von denen kein einziges dem ande ren gleicht, die aber in einer gewissen Grund ansicht doch miteinander harmonieren; jedes Haus ist als ein besonderes architektonisches Individuum in Struktur, Zierat usw. zu be trachten, abgesehen von einigen wenigen, die man in späteren Jahren modernisiert hat. Ir den Fenstern vieler Häuser finden sich nock Glasmalereien, an vielen sitzen außen Fresko malereien im mittelalterlichen Geschmack auf den Plätzen fließen Springbrunnen und Wasserkünste als Zeugen des Reichtums und der Prachtliebe der früheren Bürgerschaft."

Das rege, wache, hellhörige Nürnberg mit sei nen versonnenen, ja versponnenen Winkelr und Gassen, seiner beklemmenden Enge — es ist nicht mehr, der Krieg hat hier furchtbare Wunden gerissen. Doch getreu dem Wahl spruch der alten Rathausinschrift „In Ehrung des Alten Neues gestalten" hat man beim Wie deraufbau einen fairen Kompromiß geschlos sen: Es ist ein Stadtbild mit Charakter geschaf

*Was ist wohl berühmter – der hervorragende Wein von Volkach oder die Wallfahrtskirche Maria im Weingarten, die als unschätzbares Kleinod Tilman Riemenschneiders Rosenkranz-Madonna beherbergt?*

fen worden, die Geschlossenheit und das Antlitz der immer noch spürbaren, mächtigen mittelalterlichen Stadtstruktur blieb.
Die Dürerstadt ist nicht mehr, doch die berühmten, in ihren Fundamenten noch erhalten gebliebenen historischen Bauten wurden rechtzeitig vor dem gänzlichen Verfall bewahrt. Dem Auge des Betrachters bietet sich noch immer mittelalterliche Romantik in der Stadtummauerung mit ihren Gräben und überwachsenen Wällen, den kraftvollen Rundtürmen, den hohen Fachwerkgiebeln am Dürerplatz. Die großen Zeugen der Kaiserstadt stehen wie ehedem: die Kaiserburg, die gotischen Kirchenbauten von Sankt Sebald, Sankt Lorenz und die Frauenkirche. Das Germanische Nationalmuseum birgt die Schätze und Kleinodien der Vergangenheit.
Unterfranken ist geprägt vom Wein. Zwar sagt ein alter Spruch „Mainland ist Weinland", doch trifft er eigentlich nur noch auf Unterfranken zu, denn in Oberfranken hat das Hopfengebräu, das Bier, die Oberhand gewonnen. Die ersten Rebhänge beginnen dort, wo der Main die engen Täler zwischen Steigerwald und Haßbergen verläßt: Volkach, Escherndorf, Dettelbach, Eibelstadt, Randersacker, Iphofen und Rödelsee sind für den Weinkenner vertraute Namen.
In Würzburg sammelte sich einst die ganze Macht und Pracht Mainfrankens. Würzburg ist immer noch Mittelpunkt und Knotenpunkt der alten Fernstraßen und heutigen Schienenwege. Schon zur Karolingerzeit wurde im Mainhafen das Getreide der um Würzburg liegenden Kornkammern verschifft, bald folgte ein lebhafter Handel mit Wein — Würzburg stieg zum politischen, kirchlichen und kulturellen Mittelpunkt auf. Doch fast alle in 1200 Jahren angehäuften Reichtümer und Kunstwerke wurden in einer einzigen Nacht zerstört: Am Abend des 16. März 1945 wurde Würzburg in nur 20 Minuten so mit Brandbomben

*Hoch über Würzburg erhebt sich die Wallfahrtskirche Sankt Maria, kurz auch Käppele genannt. Ein Barockmärchen des großen Balthasar Neumann.*

bedeckt, daß nur noch 18 Prozent der ursprünglichen Bausubstanz erhalten blieben. Unter dem fast 1300jährigen feudalen Kirchenregiment entstand eine der edelsten Städte des Kontinents — selbst Napoleon war so beeindruckt, daß er sich beim Anblick der monumentalen Schönborn-Residenz (fünf Innenhöfe, riesige Säle und 312 Zimmer) zu dem Kompliment verstieg, dies sei das „schönste Pfarrhaus Deutschlands". Wer das alte Würzburg noch in Erinnerung hat, wird erstaunt sein, wie viele Zeugnisse der großen Vergangenheit mit liebevollen Details bewahrt oder wiederhergestellt wurden. Die Stadt empfängt den Besucher mit dem mächtigen Umriß der Festung Marienberg, deren Sternbastionen gegen die immer aufrührerisch gewesene Stadt gerichtet sind, und, nicht weit daneben, dem Käppele, des großen Balthasar Neumanns Barockmärchen. Im Straßengewirr finden wir viele Denkmäler von Würzburgs fürstlicher Vergangenheit: Stift Haugh, Neumünster, Marienkirche, Julius-Spital, Schönbornkapelle.

Geprägt hat die Stadt im Zeitalter des Absolutismus der klare Kopf und die eiserne Faust des Fürstbischofs Julius Echter von Mespelbrunn, auf den unmittelbar das Julius-Spital, die wiedererstandene Universität und im Land ringsum 300 Kirchen im berühmten „Julius-Stil" zurückgehen. Ihm standen in der Barockzeit die großen Schönborns in nichts nach — mit ihren Residenzen und Kirchenbauten haben sie Maßstäbe für ganz Europa gesetzt. Die Residenz der Fürstbischöfe ist der vollendetste deutsche Barockbau, Balthasar Neumann hat ihn in dreißigjähriger Bauzeit emporgeführt, Giovanni Battista Tiepolo die Fresken im Treppenhaus und im Kaisersaal gemalt.

Auf der alten Mainbrücke stehend, die bereits im Mittelalter wichtiges Verbindungsstück der Handelsstraßen zwischen Rhein und Franken, zwischen Thüringen und Schwaben war, sinnierte im Oktober 1800 Heinrich von Kleist: „Wenn ich jetzt auf der steinernen Mainbrücke stehe, die das Citadell von der Stadt trennt, und den gleitenden Strom betrachte, der durch Berge und Auen in tausend Krümmun-

gen heranströmt und unter meinen Füßen wegfließt, so ist es mir, als ob ich über ein Leben erhaben stünde..." Dem ist nichts hin zuzufügen — man tue es ihm nach.

Doch Unterfranken bietet noch weit mehr, fas Unbeschreibliches: Zeugnisse fürstlicher Bau kunst in Werneck, Wiesentheid, Gaibach Veitshöchheim mit einem der schönsten Lust gärten des 18. Jahrhunderts; die Abtei vor Amorbach — reifstes bayerisches Rokoko — und schließlich Schloß Mespelbrunn im Spes sart, ein Märchenidyll im einstigen Jagdrevie der Kaiser. Nicht zu vergessen sind die Zeug nisse der bürgerlichen Baukunst — die Ortsbi der und Rathäuser von Ochsenfurt, Volkach Haßfurt, Marktbreit und Dettelbach.

Aschaffenburg, von König Ludwig I. auc „mein bayerisches Nizza" genannt, wird be herrscht durch die Johannisburg, das Renais sanceschloß der Mainzer Erzbischöfe und da Pompejanum des Bayernkönigs, die wieder erstandene römische Villa des Kastor un Pollux. Hier, am wärmsten Ort Bayerns, kan Ludwig I. die Idee, ein „klassisches" Haus z errichten, in dem alle Gegenstände eines an tiken Haushalts aufzustellen seien. Das Pom pejanum steht heute mit seinem fremdlän dischen Reiz über einem Weinberg, inmitte mittelmeerischer Schwarzkiefern, Mande und Feigenbäumchen. Wer von hier aus der Blick schweifen läßt, spürt das Gesetz de unterfränkischen Landschaft und ihrer Men schen: glückliche Harmonie.

Wer Oberfranken sagt, meint oft Bamberg und hat damit gar nicht so unrecht, denn sein barocke Ausstrahlung hat sich auf da gesamte Umland übertragen. Die Stadt, i Mittelalter und Neuzeit immer wieder da „deutsche Rom" genannt, verdankt diese Namen den sieben Hügeln, auf denen di „geistliche" Stadt liegt. Diese Ausläufer de Steigerwaldes, die den westlichen Rand de Regnitztales bilden, sind von Süd nach No den: Stephansberg, Kaulberg, Domberg Jakobsberg, Michaelsberg, Abtsberg und di Altenburg. Es ist kein Wunder, daß Kaise Heinrich II., der Heilige, im frühen 11. Jahrhun dert auf den Mauern einer babenbergischen

Burg den Mittelpunkt eines neuen Bistums schuf. Heute sind in Bamberg die Stilepochen von der Romanik bis zum späten Barock auf engstem Raum nebeneinander versammelt — wer die sieben verschieden hohen Hügel mit ihren Kirchenbauten von jeweils besonderer Eigenart als Panorama vor sich sieht, kann die Ausstrahlung dieser Stadt auf ihre Umgebung verstehen.

Genannt seien zwei der glanzvollsten Kirchenbauten des 18. Jahrhunderts: Kloster Banz und die Wallfahrtskirche Vierzehnheiligen — ein Wunderwerk Balthasar Neumanns. Wer von hier aus den Main weiter aufwärts verfolgt, gelangt schließlich an seine drei Quellflüsse: die Rodach mit dem Städtchen Kronach und der Feste Rosenberg; den Weißen Main mit Kulmbach und seiner Renaissancefestung Plassenburg; schließlich den Roten Main mit der Markgrafenstadt Bayreuth.

Bayreuth verrät mit seinem Namen zwar die Rodung durch einen Bayern, doch ist die Stadt so fränkisch wie das Umland und auch ohne die Festspiele eine Reise wert. Facettenreich bietet sich dieses Markgrafenbarock dar: das heitere Spiel der Fontänen in der Eremitage, der verzauberte Hofgarten, das Alte Schloß auf der Höhe. In der Maximilianstraße die alten Bürgerhäuser und Barockbrunnen, schließlich das Neue Schloß, in dem Friedrich der Große so gern weilte; illustre Namen auf den alten Grabsteinen: Richard Wagner, Franz Liszt, Jean Paul, den es 1804 hierher zog, „ins liebe Bayreuth, auf einem so schön gearbeiteten, so grün angestrichenen Präsentierteller einem dargeboten".

Vergessen wir nicht die Fränkische Schweiz, eine bizarr-romantische, engräumige, kleinschachtelige Landschaft mit Egloffstein, Gräfenberg und Gößweinstein; gegen Osten das Fichtelgebirge mit seinen regsamen Städt-chen Goldkronach, Bad Berneck, Warmensteinach, Bischofsgrün. Hier wechseln auf Schritt und Tritt die malerischsten Szenerien — ein idealer Nährboden der deutschen Romantik und ihrer Maler, die hier ihre Zeichenblöcke füllten. Goethe, Tieck und Alexander von Humboldt sind hier den mannigfachen Spuren von Geschichte und Geologie nachgewandert.

Coburg sei zum Schluß genannt, denn es trat als letzte Stadt dem bayerischen Staatsverband bei — per Volksentscheid nach dem Ersten Weltkrieg. Die Veste, hoch über der ehemaligen sächsisch-thüringischen Residenzstadt gelegen, trägt den Ehrennamen „Fränkische Krone" und birgt heute bedeutende Kunstschätze, darunter mittelalterliche Plastiken, Gläser, Pokale, Prunkwagen der Renaissance, Waffen und Originalbriefe bedeutender Persönlichkeiten. Das Glanzstück aber ist die Sammlung von rund 300 000 Graphiken, darunter Radierungen Rembrandts, Dürers und Cranachs. Den Protestanten wird die Coburger Veste ein Begriff sein, denn hier arbeitete Luther während der Zeit der Reichsacht ungestört ein knappes halbes Jahr an sechzehn Schriften von beträchtlichem Umfang, darunter der berühmten Verteidigung seiner Bibelübersetzung.

Ja — dieses Franken läßt in der Tat jenen Wunsch keimen, den Scheffel in einem Lied so schön ausgedrückt hat:

Wohlauf, die Luft geht frisch und rein;
wer lange sitzt, muß rosten;
den allerschönsten Sonnenschein
läßt uns der Himmel kosten.
Jetzt reicht mir Stab und Ordenskleid
der fahrenden Scholaren,
ich will zu guter Sommerszeit
ins Land der Franken fahren!

*Die fränkischen Bauernklöße, auch »Halbseidene« genannt, haben als »Grüne Klöße« in Thüringen und Sachsen Verwandte. Sie bestehen aus geriebenen oder gepreßten rohen und gekochten Kartoffeln, werden mit Salz und heißer Milch zu einem geschmeidigen Teig verknetet und mit gerösteten Brotwürfeln gefüllt. Anschließend gart man sie im Salzwasser und reicht in der Regel Schweinebraten und Blaukraut dazu. In Oberfranken ißt man zu den »Grünen« auch gerne Birnenkompott.*

# Fränkische

# Bauernklöß'

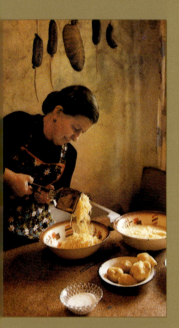

Scheffels Lied, das die Franken und ihr schönes Land besingt, ist auch in den weniger sonnen- und weinverwöhnten Landschaften Deutschlands bekannt. Das Lied erzählt uns schon in frühester Jugend, daß dieses auf die Salinger zurückgehende Völkchen auf einem ganz besonderen Fleckchen Erde lebt. Ein von Wald bedecktes Land, in dem die Jagd gut geht, wird da besungen. Vom Main, der von Bergen und Hügeln umrahmt ist, der durch breite Auen fließt, wird geschwärmt. Und schließlich ist auch vom Wein und vom Winzer die Rede, der im Herbst auf das Keltern eines guten Jahrgangs wartet.

Franken ist eine Frucht mit vielen Kernen — die Franken haben sich nie unter einer gemeinsamen Fahne zusammenfinden können, die Teilung in protestantische und katholische Landschaften hat dies unmöglich gemacht. Die Franken sind jedoch auch der Verführung ihrer zersplitterten Landschaften erlegen. Mit ihrer kulturellen Vielgestaltigkeit und ihrem teilweise eigenwilligen Sonderdasein haben sie die Einheit ihres Landes dahingehen lassen.

Theodor Heuss hat den aus der Landschaft geprägten Charakter der Franken trefflich beschrieben: „Sind Schwaben und Niedersachsen Kräfte der Beharrung, so die Franken die Träger einer beweglichen Unruhe, entzündbar und begeisterungsfähig, unternehmungslustig und in zugreifender Art aktiv. Sie sind Realisten ohne Träumerei, aber sie haben genügend Phantasie, um nicht als schüchtern zu gelten."

Das Einigende an Franken ist der Main — wie eine große Ader durchströmt er ganz Franken von Ost nach West. Er entspringt im Fichtelgebirge, genährt vom Weißen und vom Roten Main, und er verläßt das Land bei Aschaffenburg, an den Ausläufern des Spessarts. Trotz unzähliger spielerischer Abweichungen in Schlingen und Schleifen kreuz und quer durch das Land hält er an seiner Hauptrichtung fest. Fälschlich wird der Mainlinie oftmals etwas Trennendes nachgesagt — sie sei Scheidelinie zwischen norddeutschem und süddeutschem Wesen. Wer sich ein wenig auskennt im Land der Franken, weiß, daß hieran nichts Wahres ist: Das Mainland ist eine Landschaft mit hoher Verbindungskraft. Hier trafen sich neben den Handelswegen des Mittelalters auch Ideen und Meinungen, hier mischten sich kulturelle Gegensätze, Protestantismus und Katholizismus, Fürstenherrlichkeit und Bürgerstolz, edle Handwerkerkunst und Bauernkultur. Alle diese Teilstücke fränkischen Wesens haben in ihren Gegensätzen befruchtend gewirkt — die verwirrende Vielfalt der Teile ist dennoch ein kunstvolles Ganzes, das sich nicht ausschöpfen läßt, es will vielmehr erlebt sein.

# Ein Wirtshaus im Spessart

Es lohnt sich, hinauszufahren in das Land der Franken, mit seinen stillen, dunklen Wäldern und seinen anmutigen, heiteren Dörfern und Städtchen. Vom Döbra, der mit 800 Metern höchsten Erhebung des Frankenwaldes, reicht die Fernsicht an klaren Tagen über die weiten Wälder bis hin zum Erzgebirge, dem Frankenjura mit dem Staffelstein und zum Thüringer Wald. Grüner kann keine Aussicht sein.

Verlassen wir dieses grüne Labyrinth und steigen hinab in das freundliche Tal des Mains, der sich wie ein silbernes Band durch das Land schlängelt. Sanfte Höhen zwängen ihn in sein ruhiges Bett. Kein deutsches Gebirge wird so schön von einem Fluß umschlungen wie der Spessart, der eines der größten zusammenhängenden Waldgebiete Deutschlands ist. Bis Mitte des 19. Jahrhunderts war der Spessart urtümlich und menschenleer, denn die Kurfürsten von Mainz duldeten in diesem idealen Jagdrevier keine Ansiedlungen. Seit dem 13. Jahrhundert entstanden hier reizende Jagdsitze, die lediglich zur Zeit der Jagd bewohnt waren. Die grüne Einsamkeit des Spessarts wurde nur durch das Halali nach der großen Hatz durchbrochen. Noch 1852 notiert der berühmte Arzt Rudolf Virchow: „fast lauter verqualmte Behausungen, Hütten ohne Schornstein; Wohnstube, Scheune, Viehstall oft unter einem Dach; alles rings in Mist versunken".

Einsam ist es auch heute noch im Spessart. Doch in den Dorfkneipen spukt es nicht mehr, und die Geister, die in dem berühmten Wirtshaus im Spessart gerufen wurden, sind lange ausgestorben. Die ruhigen Waldschänken hat vielmehr die fränkische Küche erreicht, die die Schätze dieses „unheimlichen" Waldes kulinarisch vergoldet. Wildschweinbraten mit selbstgemachten Klößen kann man hier essen. „Aus der Tüte kommt hier nichts", versichert ein Wirt und trägt Rehbraten mit rohen und gekochten Klößen auf. Wundern Sie sich nicht, wenn es drei und mehr Klöße sind, denn

ein guter Franke schafft davon bis zu sieben. Und falls einer übrig bleibt, wird er am nächsten Tag in der Pfanne geröstet, gut nachgewürzt und zum Bratenrest oder auch nur mit der Soße gegessen. Aber aufgepaßt — ein aufgekochter oder aufgewärmter Kloß (Kniedla) ist ein Stein (Batzn) im Magen!

Für Diätapostel ist die fränkische Küche nichts. Es sei denn, Sie halten sich an den fleischlosen Freitag und essen Fisch. Im November und Dezember bieten sogar kleine und kleinste Lokale und Wirtshäuser frischen Fisch an, denn dann ist Karpfenzeit. Auf schwarzen Tafeln, die vor der Eingangstür stehen, prangt in großen Lettern: „Frischer Spiegelkarpfen aus dem Aischgrund", dem berühmtesten Zuchtgebiet für den „Dicken" in Franken. In Würzburg, der alten mainfränkischen Bischofsstadt mit ihrem Dom und den mehr als vierzig Kapellen, ist es für jeden Feinschmecker Ehrensache, das Lokal der „Schiffbäuerin" aufzusuchen und dort „Meefischli" (Mainfischli) zu probieren. In diesem ältesten Weinlokal der Stadt ißt man sie mit allem, was dran ist. Die Meefischli sind kleine Weißfische, die im Main gefangen werden und mit einem Glas guten Frankenweins ausgezeichnet schmecken.

Was im November die Karpfen und in Würzburg die Meefischli sind, das sind in der Fränkischen Schweiz die Forellen, die in den dortigen klaren Gewässern gefangen werden und frisch auf den Tisch kommen. Daneben sind Hecht und Flußaal sehr beliebt — besonders in der Oberpfalz.

Ausgangspunkt einer jeden fränkischen Mahlzeit ist aber das dazugehörige Getränk. Ebenso berühmt wie der fränkische Wein ist das Bier, das überall in großen und kleinen Brauereien erzeugt wird. Nicht zuletzt dank der Güte des oft klaren Quellwassers ist es von hervorragender Qualität. Seit mehr als fünfhundert Jahren wird in Franken Bier gebraut. Mittelfranken ist heute das zweitgrößte Hop-

*Im November, wenn die Blätter fallen und der Nebel durch die Täler zieht, ist Karpfenzeit in Franken. Am Morgen gefischt, am Abend als kulinarischer Leckerbissen serviert, ist der Karpfen Hauptdarsteller auf fast allen fränkischen Speisekarten in dieser Zeit.*

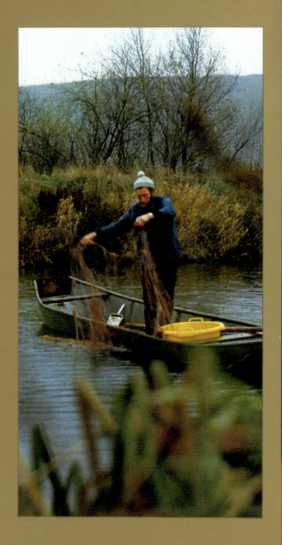

fenanbaugebiet Deutschlands. Die Holzstangen, an denen sich der Hopfen hinaufwindet, sieht man schon von weitem — besonders in der Umgebung von Nürnberg-Spalt, im Hersbrucker Gebirge und im Jura. In Kulmbach wird mit 28 Prozent Stammwürze das stärkste Bier der Welt gebraut. Dieser „Eisbock" verdankt — wie so vieles — seine Entstehung dem Zufall. Der Legende nach soll in einer bitterkalten Winternacht das frisch gebraute Bier gefroren sein. Während das Eis dem süffigen Gerstensaft vorwiegend das Wasser entzogen hatte, waren Alkohol und Stammwürze geblieben. Ein neues Getränk war geboren!

Weniger alkoholreich, aber ebenfalls weltberühmt ist das Bamberger „Schlenkerla", dessen Gerste über dem Rauch von Buchenholzscheiten getrocknet wird. Bier gehört vor allem zum fränkischen Vesper (Veschperla), einer kleinen herzhaften Zwischenmahlzeit, die nicht nur den Franken über alles geht. Und fränkische Schweinsbratwürste dürfen nicht fehlen. Urkundlich belegt ist die Bratwurst seit 1341. Wer übrigens meint, daß ihr Name sich vom Wörtchen „braten" ableite, der irrt sich gewaltig. Im Mittelhochdeutschen bedeutet nämlich „Brat" Fleisch ohne Fett und Knochen.

Fränkische Schweinsbratwürste gehören zu jedem Volksfest. Während aber in Nürnberg die fingerlangen und fingerdicken Rostbratwürste bevorzugt werden, schwören andere Franken auf ihre Art, Würstchen zu fertigen. Fast jede Stadt in Franken und in der Oberpfalz nimmt nämlich für sich in Anspruch, das beste, schmackhafteste Rezept für diese fränkische Spezialität zu haben. So werden in Coburg die Bratwürste über einem offenen Feuer geröstet, das von Kiefernzapfen unterhalten wird. Grundsätzlich gehören die kleinen Würstl immer auf einen Rost. Die großen Bratwürste werden auch in der Pfanne gebraten oder in einem Essigsud mit viel Zwiebeln gegart. Diese sogenannten „Sauren Zipfel" oder „Blauen Zipfel" sind eine Bamberger Spezialität, die weltweit vertrieben wird. Daneben gibt es noch eine kräftig gewürzte Knob-

lauchwurst — die Knoberla —, nach deren Genuß man für zwölf Stunden jeden geschäftlichen Termin absagen sollte, es sei denn, man habe es mit einem Franken zu tun, der Knoblauch und dessen Folgen über alles liebt. Die Knoberla haben übrigens ihren Namen vom Knoblauch-Land erhalten, einem großen Gemüse- und Salatanbaugebiet in der Nähe Nürnbergs. Obwohl der Boden karg und sandig ist, wächst hier nicht nur der Knoblauch gut. Immerhin haben es die „Knoberlas-Bauan" in mühsamer Arbeit geschafft, daß fast fünfzig Prozent des deutschen Gemüses aus diesem Gebiet kommt. Stolz sind darauf nicht nur sie selbst, sondern auch die Nürnberger und die Einwohner der berühmten Orte Kraftshof und Neuhof mit ihren traditionellen „Kerwas" (Kirmes) und dem 1644 vom Pegnesischen Blumenorden angelegten Irrgarten.

Beliebt sind auch die „Bauernseufzer". Das sind kräftig geräucherte Bratwürste, die mit frisch geriebenem Meerrettich (Kren) serviert werden. Daß Franken nicht nur das Land des Weines, sondern auch das der Würste ist, wird spätestens dann klar, wenn wir noch einige Gerichte, in denen diese fränkische Spezialität eine Hauptrolle spielt, nennen: Würzburger Knäudel, Griefenwürste, Paprikaschweins- und Leberkäs, roter und weißer Preßsack. Es lohnt sich, sie alle auszuprobieren. So den „Preßsack mit Musik", für den 300 g roter und 150 g weißer Preßsack, 2 Gewürzgurken, 2 Tomaten, 1 Zwiebel, 2 Eßlöffel Essig, 3 Eßlöffel Öl, Salz, Pfeffer und Zucker benötigt werden. Aus dem Essig, Öl, Salz, Pfeffer und Zucker eine Marinade machen. Die gewürfelten Tomaten, Zwiebel, Gewürzgurke und den Preßsack in die Marinade geben und ziehen lassen. Dazu Landbrot sowie Brat- oder Pellkartoffeln reichen.

Fränkische Bratwürste waren schon vor gut dreihundert Jahren beliebt. Damals soll in Nürnberg eine Bratwurst von 658 Ellen Länge und einem Gewicht von 1514 Pfund hergestellt worden sein. Dies ist uns aus einem Kupferstich von Lucas Schnitzler aus dem Jahre 1658 überliefert.

Ansonsten muß die Küche unserer Vorfahren

Bier spielt in Franken schon seit Jahrhunderten eine große Rolle. Die Abbildung aus dem 15. Jahrhundert zeigt den Bruder Bierbrauer aus der Mendelschen Zwölfbrüderstiftung zu Nürnberg bei der Arbeit an der Sudpfanne. Über ihm sieht man einen Davidsstern, ein Schutzsymbol für die Reinheit des Bieres.

recht einfach, vitaminarm und fettreich gewesen sein.

Da die Bauern um das 12. und 13. Jahrhundert hauptsächlich Buchweizen und Hirse anbauten, waren aus geschroteten oder gemahlenen Körnerfrüchten gekochte Grützen die Hauptmahlzeit. Beim Metzger, der im Fränkischen früher Metzner hieß, gab es allenfalls gekochte Lunge und Kuttelfleck (Kaldaunen), die die tägliche Grütze ein wenig appetitanregender machten.

Nur wenig Vieh wurde damals gehalten. Ein Bauer hatte meist nur ein Huhn oder eine Gans. Welch ein Festbraten muß es gewesen sein, wenn die einzige Gans des Hauses als Martinsgans auf den Tisch kam! Besonders die schon erwähnte „Besthauptsteuer" verhinderte einen größeren Viehbestand, da die Hinterbliebenen eines leibeigenen Bauern nach dessen Tod dem Grundherrn das beste Stück Großvieh überlassen mußten. Kein Wunder, daß die Abschaffung dieser Abgabe zu den wichtigsten Forderungen des Bauernkriegs von 1525 gehörte.

Ganz anders lebten die Adeligen und die hohe Geistlichkeit. Von Überfluß und Prasserei ist da oft die Rede. So sind im ältesten Kochbuch deutscher Sprache, „Daz buoch von guoter spize", schon raffinierte Rezepte aufgeführt. „Ein geriht von eime hechde. Nim einen frischen hechde und löse abe die hut als gantz und süde in gar und löse uz die grete, nim krut und stoz daz mit dem vische, tuo dar zuo ro eyer und saffran und fülle die hut des hechdes und röste in ein wenic und gibin hin." Es gehört viel Geschick dazu, wie hier beschrieben – einem Hecht die „Haut übers Ohr zu ziehen", ohne sie zu beschädigen.

In der reichen bischöflichen Küche wurden kleine, zarte Milchferkel bevorzugt, deren Fleisch, mit Speck, Eiern und Schwarzbrot vermengt, in einem Mörser gestoßen wurde. Der Fleischteig mußte zuletzt feinkörnig sein. Erst

*Fränkische Szene aus der Provinz. Abseits vom hektischen Treiben der Großstädte präsentiert sich am Dorfweiher die heile Welt eines schönen, weitgehend grün gebliebenen Landes.*

# Mehl, Wasser, Salz und Kümmel

Zu den berühmten kulinarischen Genüssen Frankens zählen neben Bier, Wein und Würsten auch die vielfältigen Brotsorten, die in dieser Landschaft gebacken werden. Viele bäuerliche Haushalte backen noch heute ihr Brot selbst. Dies nicht aus Langeweile oder gar Armut, sondern einfach deshalb, weil selbstgebackenes Brot besser schmeckt. Fast jedes Dorf verfügt noch über ein Backhaus, in dem die Laibe im Holzhofen knusprig braun gebacken werden. Allein eine frische Scheibe fränkisches Bauernbrot, bestrichen mit Butter, bestreut mit Salz, dazu Rettich oder Tomaten, ist ein Leckerbissen für sich.

Wenn wir an einer alten Bäckerei in Rothenburg ob der Tauber folgenden Spruch lesen:

*Du findest für den Leib
das Brot in diesem Haus,
das Brot für Deine Seel'
teilt Gottes Wort Dir aus,*

so erkennen wir darin die tiefwurzelnde Verbundenheit der Franken mit ihrer Heimat und ihre starke religiöse Bindung.

dann wurde er in die Ferkelhaut gefüllt: „So nim ez denne und lege ez uf einen hülzinen rost und brate ez sanfte. Alz ez denne wol geröst si, so nim ein bret und lege daz uf eine schüzzeln, mache uf daz bret vier steckelin und cleide daz bret mit eime blat von eyern und setze das verkelin dar uf, cleide ez auch mit eime blate und laz im die oren dar uz gen und den munt unde trage ez hin." In unsere Sprache übertragen bedeutet es, daß die knusprige Haut des Spanferkels mit kleinen Hölzern gestützt wird, damit es einen „lebendigen" Eindruck macht. „Blat" sind Eierpfannkuchen. Nach dem Braten wird das Ferkel auf die Eierpfannkuchen gestellt und mit ihnen bedeckt. Es sollen nur noch die Ohren und das Schnäuzchen zu sehen sein.

Natürlich ist bei dieser hohen Kunst der Zubereitung die Frage berechtigt, ob knusprig über dem Feuer gebratenes Fleisch nicht besser schmecke. Da diese lukullischen Spielereien sowieso nur der äußerst begrenzten Schicht des Adels erlaubt waren, bestand das übliche Festessen aus einem deftigen Spießbraten oder einem großen gebratenen oder gekochten Fisch.

Das bereits erwähnte Würzburger Kochbuch von 1340 kennt drei Hauptgruppen: pastetenartige Fleischspeisen, Omelette mit verschiedenen Füllungen und zahllose Süßspeisen. Ein Festgelage muß also etwa so ausgesehen haben: Der am Spieß gebratene Ochse war umgeben von mehreren Pasteten und süßem Mus in allen Variationen. Noch heute finden wir süße Beigaben zu Wildgerichten. Ein Genuß, wie wir alle wissen. Ob wir allerdings Preißelbeeren, Apfelmus und Mandelscheiben zum Schweinebraten oder Kalbsmedaillon als besondere Delikatesse ansähen — wie dieses unsere Vorfahren taten —, ist zu bezweifeln. Der Geschmack hat sich gewandelt wie die Zeiten, obwohl eine gewisse Renaissance in dieser Frage sich abzeichnet. Die fränkische Küche ist traditionsbewußt geblieben und greift gern auf überlieferte Rezepte zurück. Experimente sind nicht gerade verpönt, aber warum sollte man probieren und noch einmal probieren, wenn das,

was man hat, kaum mehr zu überbieten ist? Was wäre zum Beispiel an einer Schlachtplatte zu verbessern? Sie ist und bleibt vom Spessart bis zum Frankenwald eine Sehenswürdigkeit. Diätapostel wird sie an Völlerei und Vielfraß erinnern, Franzosen daran, was man da doch alles daraus machen könnte — den Franken und denjenigen, der das Hausgemachte liebt, wird sie einfach an den Tisch zwingen. Natürlich ist Kraut dabei, Brot oder Kartoffeln, aber das alles ist nicht das Entscheidende, denn darauf thronen ein bis zwei Bratwürste, ein Stück durchwachsenes Kesselfleisch und — damit der Hunger auch wirklich gestillt wird — eine Blut- und eine Leberwurst.

Apropos Kraut: Da fränkisches Sauerkraut eine ganz besondere Spezialität ist, sei kurz seine Herstellung beschrieben. Die Mühe lohnt sich, denn der Geschmack ist unnachahmlich. Ihre Gäste werden es Ihnen danken.

Vor allem sind große und feste Weißkohlköpfe wichtig, deren äußere Blätter und deren Strunk entfernt werden müssen. Dann das Kraut fein schneiden. Zunächst den Boden eines Eichenfasses oder eines Steinguttopfes mit Krautblättern belegen und darauf jeweils eine Schicht Kraut, das mit Salz, Wacholderbeeren und säuerlichen Weintrauben verfeinert wird, legen — je nach Bedarf und Geschmack. Zum Schluß mit einer Lage Weißkrautblättern bedecken und fest einstampfen. Das Faß an einen mäßig warmen Ort stellen. Von Zeit zu Zeit mit einem Holzstab Löcher bis auf seinen Boden bohren, damit die Gase entweichen können. Nach Beendigung der Gärung an einen kühlen Ort stellen. Nur an besonderen Tagen servieren und dann wie folgt zubereiten:

750 g Sauerkraut, 50 g Schweine- oder Butterschmalz, 1 Zwiebel, einige Wacholderbeeren, 1 Lorbeerblatt, Salz, Pfeffer, 1 Prise Zukker, eventuell 1 Eßlöffel Kümmel, ausgebratene Räucherspeckwürfel

Das Sauerkraut kurz waschen, falls es zu sauer ist. Das Fett erhitzen und die gewürfelte Zwiebel darin anrösten. Das Kraut hinzufügen, mit 1/8 bis 1/4 Liter Wasser auffüllen und die Gewürze beimengen. In einem geschlossenen Topf etwa eine Stunde kochen. Zum Schluß die ausgebratenen Speckwürfel über das gegarte Sauerkraut geben.

Kein Zweifel: Fränkisches Kraut, auf diese Weise zubereitet, ist eine echte Delikatesse. Und doch werden Sie — wenn Sie einmal durch das Land der Franken fahren und in die Töpfe von Wirtsstuben und Bekannten schauen — viele verschiedene Zubereitungsarten von Sauerkraut entdecken. Das liegt einmal an der fränkischen Mentalität, großzügig mit Gewürzen aller Art umzugehen, was in Deutschlands Küchen bis vor wenigen Jahren eine Seltenheit war, und zum anderen an den unzähligen Möglichkeiten, dem Kraut die eine oder andere Geschmacksnuance zu geben. Wenn es als Beigabe zu Wildgerichten gereicht wird, sollten Sie es zum Beispiel mit einem trockenen Weißwein oder Champagner abschmecken. Allgemein gilt jedoch die alte Regel: Besonders schmackhaft ist es aufgewärmt.

Aber nicht nur Sauerkraut kennt die fränkische Küche. Im Gegenteil: Gerade die süßen Sachen haben die Franken in aller Welt berühmt gemacht. Nürnbergs Lebkuchen und sein Christkindlesmarkt mit den Rauschgoldengeln sind ebenso bekannt wie der fränkische Wein, das fränkische Bier, Sauerkraut und Würste. Da hat es das Hutzelbrot schon schwerer, das über die Grenzen dieses Landes um den Main und Schwabens kaum bekannt ist.

Apropos Brot: Fränkische und Oberpfälzer Bauernbrote sind nicht nur berühmt — frisch aus dem Ofen verbreiten sie einen Duft, der dem Städter das Wasser im Munde zusammenlaufen läßt. Leider wird auch auf dem Lande nicht mehr so oft in eigener Regie gebacken. Die Bäckereien haben die Unzahl der Hausrezepte auf ein überschaubares Angebot in ihren Läden zusammenschrumpfen lassen. Und doch schmeckt das Brot hier besser als anderswo. Wenn es ums Brot geht, sind die Franken penibel. Wurst und Schlachtplatte schmecken nicht ohne diese knusprige Grundlage, die – frisch gebacken – auch ohne Zutaten zur Köstlichkeit werden kann.

Und zum fränkischen Brot passen die fränkischen Würste und das fränkische Bier. Ausnahmen bestätigen auch hier die Regel. Zur Häckerbrotzeit paßt der Wein aus dem Bocksbeutelland besser als das süffige Bier. Die Häcker sind nämlich die Weinbauern, die an den Hängen des Mains die Reben pflegen und im Herbst den Wein keltern. Von Randersacker über Eibelstadt, Sommerhausen nach Ochsenfurt führt die berühmte Bocksbeutelroute, an der sich die Weinorte wie Perlen an einer Kette aneinanderreihen. Wein und Wirtshäuser finden wir überall, weinselige Städte und traditionsbewußte Häckerorte ebenso. Und natürlich gestandene Franken und überzeugte Zugereiste, die mit Genuß eine echte Häckerbrotzeit verzehren.

Im schönen Land der Franken, in dem auch die berühmte Romantische Straße ihren Anfang nimmt, fühlt man sich auf Anhieb wohl. Eine natürliche Freundlichkeit wird hier dem Fremden entgegengebracht, und wer sich ein wenig anzupassen und auf die Eigenarten seines jeweiligen Gegenübers einzugehen versteht, dem wird es hier ganz besonders gut gefallen. Zwischen Rhön und Frankenalb, Fichtelgebirge und Spessart wird eben Gemütlichkeit groß geschrieben, was in unserer hektischen Zeit ja leider keine Selbstverständlichkeit mehr ist.

Und nicht genug damit: Den Franken wird neben all ihrer Lebensfreude und ihrem gesunden Humor auch noch nachgesagt, sie seien bescheiden, ohne intolerant zu sein, zeigten Individualismus, ohne ins Querköpfige zu verfallen, und paarten Enge mit Weltoffenheit. Ein Kompliment, das auch der größte Schmeichler nicht jeder Volksgruppe unseres Landes machen kann.

So, nun ist's aber genug, oder wie die Franken sagen:

Häarn ma aaf mitn Dazülln,
sunnst kumma ja net weita;
fanga ma doch endli ooh.

# Kulinarische Streifzüge

Die Rezepte sind ihrem Charakteristikum nach
alphabetisch geordnet. Sofern nicht besondere
Angaben gemacht werden, sind alle Zutaten
für vier Personen berechnet.

# Bauernseufzer mit Kren

Im romantischen Städtchen Sulzfeld, das vor allem durch seine 21 meist bewohnten Türme und Türmchen innerhalb des Stadtmauerrings bekannt ist, wird alljährlich um den Weltrekord im Bratwurstessen gewetteifert. Die bisherige Bestleistung liegt im Vertilgen einer 5,20 Meter langen Bratwurst. Die fränkischen Bratwürste aus Sulzfeld müssen also von besonderer Qualität sein, denn sonst würden sie den Hochleistungsbratwurstessern bei diesen Mengen wohl doch schlecht bekommen. Die Sulzfelder Würste sind allerdings nicht geräuchert wie eine andere fränkische Wurstspezialität — nämlich die hier aufgeführten „Bauernseufzer". Zu diesen Würsten gehört unbedingt frisch geriebener Meerrettich, in Franken „Kren" genannt, der zwischen Nürnberg und Erlangen am besten gedeiht.

*4 Paar Bauernseufzer (geräucherte Bratwürste), frisch geriebener Kren (Meerrettich)*

Die Bratwürste in heißem Wasser 10 Minuten ziehen lassen, sie dürfen aber auf keinen Fall zum Kochen kommen. Mit frisch geriebenem Kren servieren. Dazu paßt frisches Bauernbrot oder Kartoffelsalat.

# Baumwollne Klöße

Die Franken sind zweifellos die deutschen Meister im Knödel- oder Klößeessen, und die „Kniedla" gehen dem Franken über alles. Das 1734 in Nürnberg erschienene „Allgemeine Kochbuch" führt bereits drei Kloßrezepte an, das „Würzburger Kochbuch" von 1862 bringt es schon auf 19 Kloßgerichte, und heute ist die Vielfalt der Zubereitungen in Franken gar nicht mehr zu übersehen. Die Baumwollnen oder Seidenen Klöße bestehen aus gekochten Kartoffeln und Mehl, während die sogenannten „Halbseidnen Klöße" zur Hälfte aus roh geriebenen und zur anderen Hälfte aus gekochten Kartoffeln bestehen. Woher diese Beinamen kommen, ist nicht ganz klar, möglicherweise stehen sie mit dem Aussehen der Knödel im Zusammenhang, das an rohe Baumwolle oder an Rohseide erinnern mag.

*750 g gekochte Kartoffeln,  
80 g Mehl, 80 g Kartoffelmehl,  
2 Eßlöffel Milch, 2 Eier, Salz,  
Majoran, 1 Brötchen, 20 g Butter*

Die gekochten Kartoffeln sollten möglichst vom Vortag stammen, sie werden mit dem Reibeisen fein gerieben, mit dem Mehl, Kartoffelmehl, der Milch, den Eiern, dem Salz und dem Majoran zu einem Teig verknetet. Aus der Masse nun Klöße formen, in die geröstete Brotwürfel gedrückt werden. In kochendem Salzwasser 15–20 Minuten mehr ziehen als kochen lassen.

# Blaue Zipfele

(für 10 Personen)

Die guten fränkischen Würste sind weltberühmt. Unzählige Wurstsorten und Rezepte gibt es. Und doch ist zum Beispiel die fränkische Bratwurst mit der schwäbischen oder rheinischen nur „von Geruchsidioten zu verwechseln", wie ein Kenner Frankens schrieb. Bereits 1721 wurde im „Nürnbergischen Kochbuch" Bratwurstsuppe mit Ingwer, Pfeffer und Muskatblüte empfohlen. Die Erfindungsgabe des Menschen erschuf bald „Bratwürste in Dunkelbier" und „Bratwurst blau", bocksbeutelkraß „Blauer Zipfel" genannt.

*10 Paar echte fränkische Bratwürste, 1 1/2 Liter Wasser, 1/2 Liter Essig, 8 große Zwiebeln in Ringe geschnitten, 3/4 Liter Frankenwein, 4 ganze Nelken, 4 Lorbeerblätter, 20 g Pfefferkörner, 20 g Wacholderbeeren, 20 g Senfkörner, 1 Prise Salz, 1 kleine Prise Zucker, 2 Karotten, 1 Sellerie, 1 Petersilienwurzel, 100 g Champignons oder Pfifferlinge, alles in kleine Stücke geschnitten*

Wasser, Essig und Zwiebelringe gut kochen lassen, bis die Zwiebelringe weich sind, dann alle Zutaten und auch den Wein dazugeben und langsam, etwa 20 Minuten, leicht köcheln (nicht kochen!). Den Topf von der Kochplatte nehmen und die Bratwürste 10 Minuten darin ziehen lassen. Die Blauen Zipfele in einer Terrine im Sud anrichten und Bauernbrot und Zwetschgenwasser dazureichen. Als Garnierung eignen sich Tomatenscheiben und gehackte Petersilie.

# Blöcher

800 Jahre hat die Flößerei die Menschen im Frankenwald ernährt. Bereits im 12. Jahrhundert begann man den Frankenwald zu roden und zu besiedeln. Bis nach Holland wurden seine mächtigen Tannen in oft eisigem Wasser geflößt. Bald wurden Zölle erhoben: ein Bloch von jedem Schock Blöcher. Blöcher nannte man die dicksten und daher wertvollsten Stämme. Geflößt wird zwar nicht mehr, aber kulinarisch haben sich die „Blöcher" bis in unsere Zeit erhalten. Im Frankenwald werden sie zu besonderen Anlässen gebacken.

*1000 g Mehl, 500 g Butter, 6 Eßlöffel Zucker, 4 Eigelb, 1 Prise Salz, 1/2 Teelöffel Backpulver, Arrak, 1/2 Liter saure Sahne, Fett zum Backen, Zucker und Zimt zum Bestreuen*

Das Mehl durch ein Sieb geben. Die Butter und die sechs Eßlöffel Zucker untermischen. Die Eigelb mit einer Prise Salz und dem Backpulver hinzugeben und ebenfalls verrühren. Danach mit einem Schuß Arrak zu einem Teig verkneten, einen halben Liter saure Sahne mit der Masse vermischen und eine Nacht in den Kühlschrank stellen. Am nächsten Tag den Teig in kleine Rundeisen geben und so lange in siedendes Fett halten, bis er sich löst und goldbraun gebacken ist. Die „Blöcher" herausnehmen, auf einer Platte abkühlen lassen und reichlich mit zuvor gemischtem Zucker und Zimt bestreuen.

# Bratwurst in Biersoße

Fast jede Stadt in Franken und in der Oberpfalz hat ihre eigenen Bratwurstrezepte. Die Coburger schwören auf ihre über dem offenen Feuer gebratenen Rostbratwürste. Wichtig dabei ist, daß das Feuer mit Kiefernzapfen (Möckerla) geheizt wird. Nürnberg wiederum ist bekannt für seine nur fingerdicken Rostbratwürste. Und in Rothenburg ob der Tauber schmecken sie wieder anders als in Erlangen, Ansbach oder Schweinfurt. Es kommt also zunächst einmal darauf an, in welcher Stadt Sie die Bratwürste kaufen, denn dann schmecken auch Bratwürste in Biersoße jedesmal anders.

*4 – 8 Bratwürste (je nach Größe und Appetit), 1/4 Liter dunkles Bier, 1 Eßlöffel Mehl, Salz, Pfeffer, etwas Majoran*

Die Würste in heißes Wasser legen und einige Minuten ziehen lassen, damit sie nicht platzen. Anschließend abtrocknen und in das inzwischen in einer Pfanne heißgemachte Fett legen. Rundum braunbraten, aus der Pfanne nehmen und warmstellen. Mehl in der Pfanne anschwitzen und mit dem Bier ablöschen. Mit Salz, Pfeffer und Majoran würzen und kurz aufkochen lassen. Die Soße über die Würste gießen. Dazu reicht man Bauernbrot und ein kühles Bier. Aber auch auf Sauerkraut angerichtet, schmecken die Bratwürste in Biersoße ausgezeichnet.

# Fränkische Brennsuppe

Was sie auch immer unterscheiden mag — zumindest was die Suppen anbelangt, gleichen sich Schwaben und Franken aufs Haar. Besonders auf dem Lande gehört die Suppe zu jeder Mahlzeit nach dem Motto: „Wer lang Suppe ißt, lebt lang!" Diätprediger und Kaloriengegner haben hier einen schweren Stand. Diese „gebrannte" Suppe ist im Geschmack sehr pikant und sättigend.

*750 g Mark- und Suppenknochen, 50 g Schweineschmalz, 1 Bund Suppengrün, 2 kleine Zwiebeln, 1 Eßlöffel gestoßener Kümmel, je 1 Prise Salz und Pfeffer, nach Belieben 1/2 Teelöffel Majoran; zum Anbräunen: 40 g Mehl, 40 g Schweineschmalz, frisch gemahlener weißer Pfeffer nach Geschmack, Weißbrotwürfel von 1/3 Weißbrot*

Die frischen Mark- und Suppenknochen gründlich waschen, das Schmalz in einem Topf heiß werden lassen und das zuvor gewaschene und zerkleinerte Suppengrün, die kleingeschnittenen Zwiebeln, den Kümmel und die Knochen hinzugeben. Nun das Ganze kräftig anbräunen, danach mit einem guten Liter Wasser ablöschen, kräftig durchrühren und mit Salz, Pfeffer und etwas Majoran würzen. Nun die Suppe auf kleiner Flamme, leise siedend, etwa drei Stunden kochen lassen. Danach die Brühe durch ein Haarsieb geben. Das Mehl im heißen Schmalz recht dunkel brennen und diese Einbrenne mit einem Schneebesen unter die Brühe rühren und das Ganze nochmals kräftig aufkochen lassen. Weißen Pfeffer nach Belieben hinzutun. Während der letzten zehn Minuten die Weißbrotwürfel rösten und diese in die Teller geben, dann sofort die heiße Brühe auffüllen.

# Fränkische Brotsuppe

In früher Vorzeit kannte man nur das Fladenbrot, das aus einem Brei aus Mehl bestand und auf einer erhitzten Unterlage gebacken wurde. Dann fügte man dem Teig ein Gär- oder Treibmittel bei, um eine Lockerung des Brotes zu erreichen. Der Teig geht auf, das freiwerdende Wasser röstet und bräunt die Oberfläche — eine Kruste entsteht. Schwarzbrot besteht aus gröberem Mehl, ist eiweißreicher als Weißbrot und reicher an Ballaststoffen. Das Frankenland ist berühmt für seine hausgebackenen Brotlaibe, die mit Butter und Salz schon allein eine Delikatesse sind.

*40 g Butter, Margarine oder Schweineschmalz, 8 Eßlöffel Zwiebelstreifen, 1 Liter Fleischbrühe, 4 Scheiben Schwarzbrot, fingerdick geschnitten und klein gewürfelt, 2 Eßlöffel gehackte Petersilie oder fein geschnittener Schnittlauch*

In dem zerlassenen Fett die Zwiebelstreifen 2 Minuten hell andünsten, die Brühe dazugießen und auf kleiner Hitze 5 Minuten kochen. Die Brotwürfel in Suppentassen verteilen und die kochende Zwiebelbrühe darübergießen. Mit Petersilie oder Schnittlauch bestreuen und heiß auftragen.

# Buttermilchsuppe

Schon im alten Indien und bei den Semiten diente die Butter als Nahrungsmittel. Andere Völker, andere Sitten: Den Griechen und Römern muß sie nicht so gut geschmeckt haben wie uns — sie verwendeten sie als Arznei. Bei unseren germanischen Vorfahren hingegen soll sie nur den Reichen gemundet haben.
Bei der Buttergewinnung entsteht ein milchiger Rückstand, der sehr nahrhaft und vitaminreich ist und gut schmeckt — die Buttermilch.

*1 1/2 Liter gekühlte Buttermilch, geröstete Würfel von Schwarzbrot, Salz und Pfeffer*

Buttermilch in Teller füllen und die gerösteten Schwarzbrotwürfel, die mit Salz und Pfeffer bestreut werden, dazugeben. Die Zubereitung ist sehr einfach, aber die Suppe ist gut im Geschmack und sehr erfrischend! Bei dieser Gelegenheit sollten wir uns einmal an die Brust klopfen und eingestehen, daß uns allen in der heutigen Wohlstandsgesellschaft diese einfachen und überlieferten Gerichte ganz besonders schmecken. Außerdem bilden sie den nötigen Kontrast zu den eigentlichen Schlemmereien. Denn jeden Tag geschlemmt wäre auch langweilig!

# Coburger Klöße

Das oberfränkische Coburg wird wegen seiner mittelalterlichen Baureste und der schönen Renaissancebauten weithin gerühmt. Die hoch über der Stadt gelegene „Veste" hat ihr den Ehrennamen „Fränkische Krone" eingetragen. Hier lagern heute bedeutende Kunstschätze, unter anderem 300 000 Blätter Graphik, darunter Werke von Dürer und Cranach. Diese gewaltige Sammlung zeugt vom Kunstverständnis der hier einst herrschenden Fürsten, von denen die Linie Sachsen-Coburg-Gotha wohl die berühmteste war. Doch nicht nur der Kunst gegenüber zeigte man sich aufgeschlossen, auch leibliche Genüsse standen ganz im Mittelpunkt, wie das folgende Gericht zeigt.

*2 kg Kartoffeln, 2 Liter Salzwasser, 1 gute Prise Salz, 2 alte Semmeln, 40 g Fett*

Die Kartoffeln schälen, die Hälfte in Scheiben schneiden und mit so viel Salzwasser ansetzen, daß sie bedeckt sind. Nach dem Weichkochen zu Brei verrühren oder durch eine Kartoffelpresse drücken und warmstellen. Die andere Hälfte roh über dem Salzwasser verreiben (ohne das Wasser würden die zerriebenen Kartoffeln sofort braun!), anschließend durch ein Tuch seihen und fest ausdrücken. Die im Topf verbliebene Stärke mit dem Schaber herauskratzen und mit dem Brei vermengen. Nun den warmgestellten Kartoffelbrei dazugießen, das Ganze gut vermischen und zu einem Teig verarbeiten, nach Bedarf salzen.
Die Semmeln in kleine Würfel schneiden und im heiß gemachten Fett anrösten. Nun Knödel formen, in die Mitte die gerösteten Semmelbrösel geben und die Knödel im Salzwasser zugedeckt 30 Minuten kochen lassen, sofort anrichten.

# Dämpfäpfel in Weinschaumsoße

Schonen Sie für diese köstliche Nachspeise nicht Ihren Geldbeutel und genehmigen Sie sich ruhig einen echten Frankenwein — was als Rest in der Flasche bleibt, wird gewiß ganz schnell seinen Abnehmer finden!

*4 Eier, 3 Eßlöffel Zucker, 1/2 Teelöffel Stärkepuder, 1/4 Liter Frankenwein, Saft einer halben Zitrone; 4 Äpfel, 1/4 Liter Wasser, 1/4 Liter Frankenwein*

In einem Topf die Eier mit Zucker und Stärkepuder schaumig rühren. Den Frankenwein inzwischen heiß machen und unter ständigem Rühren über die Soße geben, dann den Zitronensaft beifügen. Danach das Ganze im heißen Wasserbad so lange schlagen, bis die Masse dick wird — die Eier dürfen dabei nicht gerinnen!
Die Äpfel schälen, Kernhaus entfernen und in einem Topf, halb mit Wasser, halb mit Weißwein gefüllt, gardünsten. Die Äpfel herausnehmen und in einer hübschen Schale mit der Weinschaumsoße überziehen.

# Dätscher

Seit über 1200 Jahren wird in Franken Wein angebaut. Um 777 wird er erstmals urkundlich erwähnt. Bereits im Mittelalter waren die Frankenweine begehrt. Auch Goethe gehörte zu den Liebhabern dieses erdigen Tröpfchens. So schrieb er 1806: „Sende mir noch einige Würzburger, denn kein anderer Wein will mir schmecken, und ich bin verdrießlich, wenn mir mein gewohnter Lieblingstrank abgeht." Natürlich haben die Franken zu ihrem trockenen, charaktervollen und kernigen Wein auch passendes Salzgebäck kreiert, das den Charakter des Weines noch prägnanter werden läßt.

*15 g Hefe, etwas Milch, 500 g Mehl, 125 g Butter- oder Schweineschmalz, 200 g gekochte, geschälte und geriebene Kartoffeln, 50 g Butter, 4–5 Eßlöffel Sauerrahm, Salz, Kümmel*

Die Hefe zerbröseln und mit lauwarmer Milch und etwas Mehl einen Vorteig anrühren. Ihn 30 Minuten zugedeckt gehen lassen. Das Fett mit den geriebenen Kartoffeln, dem Vorteig und dem restlichen Mehl zu einem Teig verkneten. Diesen zu dünnen, tellergroßen Fladen ausrollen, auf ein gefettetes Backblech legen, mit Butter und Sauerrahm bestreichen, Salz und Kümmel überstreuen. Im Backofen bei 225° C backen. Ganz frisch zu Wein oder Bier reichen.

# Würzburger Eiermarzipan

Das Marzipan wird schon seit gut 200 Jahren bei uns als Spezialität geschätzt. Königsberg und Lübeck galten als Orte, in denen man sich besonders gut auf die Zubereitung dieser Zucker-Mandel-Masse verstand. Das folgende Rezept hat nur dem Namen nach etwas mit Marzipan zu tun, denn seine Hauptbestandteile sind Zucker und Eier, und es wird deshalb auch „Eierzucker" genannt oder auch Springerle, weil man den Teig mit Springerlesformen aussticht.

*3 Eier, 250 g Puderzucker, 250 g Mehl, 1 Messerspitze Hirschhornsalz, 1 Prise Anis*

Die Eier und den Zucker schaumig schlagen, die Prise Hirschhornsalz hinzufügen. Nun das Mehl in die Eicreme sieben und vorsichtig unterheben. Die Masse auf ein bemehltes Backbrett geben und fingerdick ausrollen. Die Springerlesformen gut mit Mehl bestäuben und Formen ausstechen, die auf einem gut gefetteten und mit Anis bestreuten Backblech noch 24 Stunden an einem warmen, trockenen Ort stehen sollten. Dann im Backrohr bei 150° C rund 30 Minuten schön hell ausbakken.

# Erbsenbrei

Die Erbsen sind die verbreitetsten Hülsenfrüchte in Europa. Sie sind sehr vitamin- und eiweißreich, aber auch kohlehydrathaltig und damit nicht gerade kalorienarm. Zusammen mit anderen Kulturpflanzen gelangten sie im 4. Jahrtausend v. Chr. über die Balkanhalbinsel nach Europa. Spätestens seit der Zeit Karls des Großen sind sie in den deutschen Küchen heimisch geworden. Früher waren Erbsen eine ausgesprochene Rarität, und erst im 19. Jahrhundert wurden sie Volksnahrungsmittel.

*400 g getrocknete grüne oder gelbe Erbsen, 1–1 1/2 Liter Wasser, 1 Bund Suppengrün; zur Einbrenne: 1 Zwiebel, 30–40 g Fett, 20 g Mehl, je 1 Prise Salz und Pfeffer, 100 g durchwachsener Speck*

Die Erbsen waschen und über Nacht in kaltem Wasser einweichen. Das Suppengrün waschen und putzen, kleinschneiden und zu den Erbsen geben. Nun das Ganze in ca. 1–1 1/2 Stunden weichkochen (die Kochzeit hängt von Größe und Alter der Erbsen ab). Die garen Erbsen durch ein feines Sieb streichen oder mit dem Mixer pürieren. Zur Einbrenne die Zwiebel in Ringe schneiden, im Fett erhitzen und das Mehl hineinrühren und mit den Zwiebelringen leicht braun rösten. Den Erbsenbrei hinzufügen, nochmals aufkochen lassen und mit Salz und Pfeffer abschmecken. Nach Belieben kann man den in Würfel geschnittenen Speck noch kurz anbraten und über den angerichteten Erbsenbrei geben.

# Fränkische Gärtnerin

Noch bis zum Beginn unseres Jahrhunderts war der Kessel- oder Pfannenflicker ein geschätzter Handwerker, der ausreichend zu tun hatte. Denn zur damaligen Ausstattung eines Haushalts gehörten große Töpfe und Pfannen, die oft Generationen überdauerten. Aus dieser Zeit sind uns zahlreiche Eintopfrezepte überliefert, die damals bei den vielköpfigen Hausgemeinschaften häufig auf dem Küchenzettel standen. Das Gericht hat seinen Namen von den vielen Gemüsesorten erhalten, die die Hausfrau in ihrem Garten anpflanzte und für diesen Eintopf verwendete.

*600 g Hochrippe vom Rind, 1 1/2 Liter Wasser, Salz, Pfeffer, 1 Petersilienwurzel, je 200 g Bohnen, gelbe Rüben, Kohlrabi, Wirsing, Blumenkohl, 1 große Stange Lauch, 500 g Kartoffeln, 100 g durchwachsener Speck, 2 Zwiebeln, Streuwürze, 1 Prise Zucker, Salz, Petersilie*

Rindfleisch unter kaltem Wasser abspülen. Wasser in einem großen Topf aufkochen und mit Salz und Pfeffer würzen. Fleisch einlegen und aufkochen. Petersilienwurzel dazu geben und 70 Minuten leicht kochen lassen. In der Zwischenzeit Bohnen, gelbe Rüben, Kohlrabi, Wirsing und Blumenkohl putzen, waschen und in kleine Stücke schneiden bzw. den Blumenkohl in Röschen zerteilen. Lauch und Kartoffeln säubern und ebenfalls zerkleinern. Alles zum Fleisch in den Topf geben und noch 30 Minuten kochen. 10 Minuten vor der Garzeit den gewürfelten Speck in einer Pfanne auslassen. Geschälte, gewürfelte Zwiebeln darin goldgelb braten und zum Eintopf geben. Mit Streuwürze, Zucker und Salz abschmecken und mit Petersilie bestreut servieren.

# Gebratene Knöchla

Mit Knöchla ist nur sehr zart angedeutet, worum es in diesem Gericht geht, denn wenn der Franke in seiner Mundart „Knöchla" sagt, so meint er damit die Haxe, also das untere Bein vom Schwein oder Kalb. Zu diesem Gericht sollte man unbedingt rohe Klöße und frischen Salat reichen.

*Pro Person 1 mittlere Haxe, je 1 gute Prise Salz, Pfeffer und edelsüßer Paprika, 1 Eßlöffel Schweineschmalz, 1 Eßlöffel gestoßener Kümmel, 1 Teelöffel Majoran, 1 große Zwiebel, 2 kleine Tomaten, 1 gelbe Rübe, 1 Tasse Wasser, 1 Teelöffel Mehl*

Die Haxen waschen, salzen und pfeffern, die Schwarte am Rand mehrfach einritzen und dort den Paprika einreiben. Das Schmalz mit Kümmel, Majoran und der Zwiebel in eine Pfanne geben, alles kurz anbraten lassen, dann mit einer Tasse heißem Wasser auffüllen und die Tomaten sowie die gelbe Rübe hinzufügen. Die Pfanne ins vorgeheizte Backrohr (220° C) geben und die Haxen braten, bis sie schön braun und knusprig sind. Zwischendurch wenden und mit der Soße begießen (man kann während der Bratzeit ruhig noch etwas Wasser hinzugeben). Die Garzeit beträgt — je nach Größe der Knöchla — 60 bis 90 Minuten.
Nach dem Garen die Knöchla herausnehmen und warmstellen. Die Bratensoße durch ein Sieb seihen und das mit kaltem Wasser angerührte Mehl daruntergeben, um eine gebundene Soße zu erhalten.

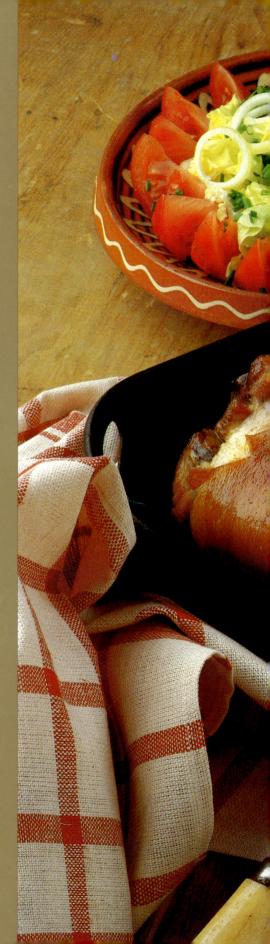

# Gefüllter Gänsehals

Füllungen sind oftmals die Überraschung einer guten Mahlzeit — schließlich haben sich die besonderen Zutaten von einer Generation auf die andere vererbt, und jede Hausfrau ist stolz darauf, hier einmal ihren ganz speziellen Geschmack zu beweisen. Zu diesem Gericht ißt man übrigens Kartoffelsalat, es schmeckt auch sehr gut als kalte Brotauflage.

*1 Gänsehals, Leber, Magen und Herz der Gans, 100 g Bratwursthack, 1 Ei, 1 kleine Zwiebel, 1 Bund Petersilie, 1 Eßlöffel Semmelmehl, je 1 Prise Salz, Pfeffer, Majoran, Muskat und Oregano*

Mit einem spitzen Messer vorsichtig die Haut vom Gänsehals ziehen und diese nach dem Säubern und Waschen mit einem zuvor gebrühten Zwirnsfaden zunähen. Leber, Magen und Gänseherz kleinschneiden, mit dem Bratwursthack, dem Ei, der fein geschnittenen Zwiebel und der Petersilie vermengen, das Semmelmehl hinzufügen und zum Schluß mit den Gewürzen nach Geschmack würzen. Das Bratrohr gut vorheizen, den gefüllten Hals auf den Rost legen und ihn gut 45 Minuten garen lassen. Während des Bratens muß er immer wieder mit zerlassener Butter bepinselt und gewendet werden.

# Nürnberger Gemüsesuppe

Nürnberg, die größte Stadt Frankens, liegt inmitten einer sandigen, nach Norden hin mit Tabak, Spargel und Hopfen gut bebauten Ebene. Nürnberg ist nicht nur durch den Bau der ersten deutschen Eisenbahn bekannt geworden, die 1835 über sechs Kilometer bis nach Fürth fuhr, sondern vor allem durch seine wechselvolle Geschichte und seine schöne Altstadt, die von der ehemaligen kaiserlichen Burg überragt wird. Daß in einer so traditionsreichen Landschaft mit einer so fruchtbaren Ungebung auch gut und deftig gekocht wurde, ist von vielen überliefert worden.

*1 Zwiebel, 1/2 Sellerieknolle, 2 Stangen Lauch, 2 gelbe Rüben, 80 g Gänseschmalz, ersatzweise auch Schweineschmalz, 2 gestrichene Eßlöffel Mehl, 2 Liter Fleischbrühe, 3 große Kartoffeln, 2 Eßlöffel saure Sahne oder 4 Eßlöffel Buttermilch, 2 Eigelb, 1/2 Tasse frische Kerbelblätter*

Zwiebel, Sellerie, Lauch und gelbe Rüben säubern und alles sehr klein schneiden. In einem Suppentopf das Schmalz erhitzen, das zerkleinerte Gemüse darin anschmoren, anschließend mit Mehl bestäuben und die Fleischbrühe angießen. Etwa 10 Minuten kochen lassen. Die geschälten Kartoffeln in kleine Stücke schneiden und 20 Minuten lang in der Suppe gar kochen. Den Topf vom Herd nehmen und die mit der Sahne oder der Buttermilch verquirlten Eigelbe mit den zerhackten Kerbelblättern in die Suppe geben. Zur Nürnberger Gemüsesuppe reicht man getoastete Graubrotscheiben.

# Geröstel

Daß die Nürnberger einst die größte Bratwurst herstellten, ist hinlänglich bekannt: Auf einem Kupferstich von Lucas Schnitzler aus dem Jahre 1658 wird ihre Länge mit 658 Ellen angegeben, 1514 Pfund soll sie gewogen haben. Wie lang diese Riesenwurst aber wirklich war, ist nicht exakt zu bestimmen, denn das alte Ellenmaß hatte unterschiedliche Längen. Setzt man aber voraus, daß in diesem Fall die bayerische Elle mit 83,8 cm gemeint war, so wäre diese Wurst sage und schreibe 548 Meter lang gewesen! Noch heute hat fast jeder größere Ort im Frankenland seine spezielle Wurstsorte und ist stolz darauf. Eines bekommt man in ganz Franken in hervorragender Qualität: den Preßsack. Da man ihn im hohen Norden nicht erhält, sollte sich der Gast von einem Besuch im Frankenland stets genügend mitbringen, um vielleicht einmal zu Hause die folgende außerordentlich pikant schmeckende Spezialität nachzukochen.

*5 Pellkartoffeln, 2 Zwiebeln,
150 g roter Preßsack, 150 g weißer
Preßsack, 150 g Leberwurst,
2 Gewürzgurken, 6 Eier*

Die Kartoffeln von der Schale befreien, in dünne Scheiben schneiden und mit den Zwiebelringen in der Pfanne anrösten; die Wurst in Würfel schneiden und zusammen mit den ebenfalls würflig geschnittenen Gurken dazugeben. Die aufgeschlagenen Eier gut vermengen und über die Masse geben. Nun das Ganze etwas zusammenrollen und anrichten.

# Nürnberger Gwerch

Gwerch bedeutet zu hochdeutsch Durcheinander und ist in diesem Fall ein pikantes Gemisch aus Butter und Limburger Käse. Der Limburger stammt übrigens nicht aus dem romantischen Limburg an der Lahn, sondern aus der belgischen Grafschaft Limburg, wo man sich hervorragend auf die Käsezubereitung versteht. Der Nürnberger Gwerch (er ist männlich, was nicht überall bekannt ist!) wird häufig auch als eine Mischung aus Ochsenmaulsalat, schwarzem und weißem Preßsack und Nürnberger Stadtwurst, angemacht mit Essig, Öl, Zwiebeln, Salz, etwas Zucker und Pfeffer, beschrieben. Wir jedoch haben die Käsevariante ausgewählt.

*150 g Limburger, 150 g Butter, 1 Zwiebel, je 1 gute Prise Pfeffer und Paprika, 3–4 Rettiche, 1 Prise Salz*

Einen möglichst weichen Limburger kaufen, auf einem großen Holzbrett mit einer Gabel mit der gleichen Menge weicher Butter so lange durcheinander „manschen", bis eine cremeartige Masse entsteht. Die kleingehackte Zwiebel zum Schluß daruntermengen. Den Gwerch nun zu einem runden Ballen formen, außen mit Pfeffer und Paprika einreiben.
Gut 1 Stunde in den Kühlschrank stellen. In der Zwischenzeit die Rettiche gut putzen und in dünne Scheiben schneiden, salzen, mit einem Teller zudecken und ziehen lassen, bis Sie den Käse aus dem Kühlschrank nehmen. Nun den Rettich kräftig durchschütteln und alles mit deftigem Schwarzbrot und einem frischen Bier servieren.

# Häcker-Brotzeit

Seit rund 1200 Jahren kämpfen die Häcker, wie die Arbeiter in den Weinbergen Frankens genannt werden, mit dem fränkischen Karst, der dem Wein um den Main seinen besonderen Geschmack gegeben hat. Auch heute noch ist die Pflege des Weinbergs mit harter Arbeit verbunden. Es ist nur verständlich, daß den Häckern nach ihrer schweren Arbeit ein kräftiger Imbiß mundet und daß ihre Brotzeit in einem Land, dessen „Hügel mit Trauben bevölkert sind", zu einem Begriff wurde. Besonders schmackhaft ist eine Häcker-Brotzeit, wenn sie zur Weinprobe gereicht wird.

*Rippchen, deftige Wurst (Leberwurst, Blutwurst, roter und weißer Preßsack), wacholdergeräucherter Schinken*

Zu einer echten fränkischen Häcker-Brotzeit gehört ein großer Holzteller mit Bauernbrot, Rippchen, verschiedenen Hausmacher-Wurstsorten, Schinken und natürlich einem angemachten Camembert:

*200 g weicher Camembert, 100 g Butter, 1 Eßlöffel feingeschnittener Schnittlauch, 2–3 Eßlöffel feingehackter Dill, etwas Pfeffer, 3 Eßlöffel Weißwein, Gewürzgurken, Tomaten, Radieschen oder Rettich, Petersilie*

Alle Zutaten verrühren, bis eine geschmeidige Masse entsteht. Den angemachten Camembert appetitlich mit Gewürzgurken und Tomaten garnieren. Im Frühling werden die Tomaten durch frische Radieschen ersetzt. Mit Rettich und gehackter Petersilie kann die Häcker-Brotzeit noch schmackhafter gemacht werden. Dazu würziges, dunkles Bauernbrot und ein Obstwässerle reichen.

# Hagebuttenschnitten

In Franken werden die Hagebutten Hiften genannt, und im Volksglauben spielten sie schon immer eine große Rolle. Zweige und Früchte des Hagebuttenstrauches sollten vor Verzauberung, Blitz und Unwetter schützen: Wer dreimal unter eine Hiftenstaude kroch, sollte von den Blattern geheilt werden. Daß das Fruchtfleisch dieser Wildrosenart auch erfrischend schmeckt und einen außerordentlich hohen Vitamin-C-Gehalt aufweist (rund zwanzigmal soviel wie die in dieser Hinsicht hochgerühmte Zitrone), hat man erst sehr viel später festgestellt.

*3 Eiweiß, 250 g Zucker, 2 Eßlöffel Zitronensaft, 1 Paket Vanillezucker, abgeriebene Schale einer halben Zitrone, 300 g geschälte, geriebene Mandeln, 3 Eßlöffel Hagebuttenmark (oder die gleiche Menge Hagebuttenmarmelade), ca. 30 Oblaten*

Das Eiweiß zu steifem Schnee schlagen, dann mit dem Zucker und dem Zitronensaft zu einer dicken, schaumigen Masse rühren, von der 2 Eßlöffel beiseite gestellt werden. Unter die übrige Masse den Vanillezucker, die Zitronenschale und die geriebenen Mandeln sowie das Hagebuttenmark rühren. Mit zwei Kaffeelöffeln längliche runde Schnitten formen, diese auf Oblaten setzen und mit der zurückgelassenen Masse verzieren. Nach Belieben können die Schnittchen noch mit einer halben Mandel verziert werden.
Die Oblaten auf dem Blech gut zwei Stunden abtrocknen lassen, dann bei mittlerer Hitze (ca. 175° C) schön dunkelgelb ausbacken.

# Hascheeknödel mit Sauerkraut

Wenn auch in anderen Landstrichen Klöße in allen Arten vorkommen, so sind die Franken in dieser Hinsicht doch unschlagbar. Als ein Franke einmal drei Wünsche frei hatte, wählte er „Klöß, Klöß und Klöß".

*Für die Knödel: 500 g Kartoffeln, 1 Liter Wasser, 250 g Mehl, 1 Ei, 2 Eßlöffel Milch, Salz*

Die Kartoffeln kochen, noch heiß pellen, durch eine Presse drücken und mit Mehl, Ei, Milch und Salz zu einem festen Teig kneten.

*Hascheefüllung: 250 g gekochter Schinken, 200 g Wurstbrät, 2 Zwiebeln, 40 g Margarine oder 4 Eßlöffel Öl, 1 Teelöffel geriebener Majoran, Pfeffer, 1 Bund Petersilie*

Den Schinken, Bratwurstbrät und die geschälten Zwiebeln durch einen Fleischwolf drehen. Margarine oder Öl in einer Pfanne erhitzen und die Brät-Zwiebel-Masse darin unter Rühren 10 Minuten braten. Mit Majoran und Pfeffer würzen. Die feingehackte Petersilie dazu geben und alles gut miteinander vermengen.

*Für das Sauerkraut: 60 g Schweineschmalz, 500 g Sauerkraut, Salz, Pfeffer, Petersilie*

Schweineschmalz in einem Topf erhitzen und das Sauerkraut mit etwas Flüssigkeit in das heiße Fett geben. Salzen, pfeffern und 20 Minuten kochen lassen.
Aus dem Kartoffelteig Knödel formen und mit der Hascheemasse füllen. In reichlich gesalzenem Wasser ca. 10 Minuten kochen lassen. Wenn die Knödel an die Oberfläche steigen, sind sie gar. Auf dem Sauerkraut anrichten.

# Hefebuchteln

Bei dieser süßen Mehlspeise können Sie einmal Ihre Phantasie spielen lassen, denn es kommt auf die Füllung an. Sie kann aus Pflaumenmus, Quark, Mohn oder verschiedenen Marmeladearten bestehen. Am besten ist es, man probiert anhand des Rezeptes verschiedene Füllungen, denn immerhin erhalten Sie aus den angegebenen Mengen 12–15 Buchteln.

*500 g Mehl, 30 g Hefe, 3–4 Eßlöffel Zucker, knapp 1/4 Liter Milch, 2 Eier, 100 g Butter, 1 Prise Salz, Füllmasse nach Belieben, etwas Butter und Puderzucker zum Bestreichen*

Das Mehl in eine tiefe Schüssel geben, eine Vertiefung in die Mitte drücken, dort hinein die zerkrümelte Hefe mit einem Teelöffel Zucker und einem guten Eßlöffel lauwarmer Milch schütten. Das Ganze mit etwa einem Viertel des Mehls zu einem Vorteig verrühren und gut zugedeckt an einem warmen Ort etwa 30 Minuten lang gehen lassen.
Nun das restliche Mehl, die Milch, Eier, die weiche Butter sowie Zucker und Salz dazugeben und den Teig so lange schlagen, bis er Blasen wirft und sich von der Schüssel löst. Den fertigen Teig nochmals zugedeckt in leichter Wärme gehen lassen, etwa eine Stunde lang.
Danach knapp fingerdick auswellen und etwa handtellergroße Stücke ausrädeln. In die Mitte dieser Teigstücke setzt man einen guten Kaffeelöffel der Füllmasse und zieht die Teigränder vorsichtig über die Masse zusammen, so daß diese nicht mehr auslaufen kann. Die Buchteln nun auf eine gut gefettete Form setzen, mit flüssiger Butter bepinseln und bei mäßiger Hitze 30–45 Minuten gelbbraun backen. Danach mit Puderzucker bestreuen.

# Hirsch in Nußrahm

Urtümlich und menschenleer war einst der Spessart, von Wildschwein und Bär, von Hirsch und Luchs durchstreift. Bereits im 13. Jahrhundert entstanden im Spessart reizende Jagdsitze. Und damals wie heute war der Abschuß eines Hirsches die Krönung der erfolgreichen Jagdsaison. Wen wundert's, daß dort nicht nur das „Wirtshaus im Spessart" steht, sondern auch der „Spessart ins Wirtshaus" und auf den Küchenzettel kommt.

*800 g Hirschkeule, 2 Lorbeerblätter, 6 Wacholderbeeren, 2 Liter Buttermilch, 500 g Wildknochen, Thymian, Preiselbeeren, Salz, Pfefferkörner, 1 Karotte, 1/2 Sellerie, 1 Stange Lauch, 1/2 Liter Wasser, 1/4 Liter Rotwein, Mehlbutter (15 g weiche Butter mit 1 Eßlöffel Mehl verknetet), etwas Butterschmalz, 120 g gemahlene Haselnüsse, 0,2 Liter süße Sahne*

Die Hirschkeule mit den Lorbeerblättern und Wacholderbeeren 2 bis 3 Tage in der Buttermilch marinieren.
Die Wildknochen zerkleinern, mit Wacholder, Lorbeer, Thymian, Preiselbeeren, Salz, Pfefferkörnern würzen und kräftig anbraten. Die Karotte, Sellerie und Lauch hinzugeben und mit Wasser und Rotwein ablöschen. Die Wildknochen etwa 8 bis 10 Stunden auskochen, danach durch ein Sieb passieren und mit etwas Mehlbutter andicken.
Die Hirschkeule wird aus der Marinade genommen, mit Küchenkrepp gut abgetrocknet und fein geschnetzelt. Mit Salz und Pfeffer würzen und in Butterschmalz kurz in der heißen Pfanne anbraten. Die passierte Wildsauce dazugeben und 20 Minuten kochen lassen. Zum Schluß werden die Haselnüsse eingerührt und die Pfanne vom Feuer genommen, um die Sahne unterzuheben.

# Hollerküchle

Die Hollerblüten sind im Norden Deutschlands eher als Holunder- oder Fliederbeeren bekannt, und dort werden sie auch gern zu Saft eingedickt und im Winter als Grundlage für einen kräftigen, wärmenden Punsch verwendet. Die Hollerküchle hingegen sind eine typische Spezialität südlich des Mains.

*10–12 Holunderblütendolden, 200 g Mehl, 2 Eier, knapp 1/4 Liter Milch, 1 Prise Salz, genügend Fett zum Ausbacken, Zucker und Zimt zum Bestreuen*

Die Hollerblüten waschen und gut abtropfen lassen. Den Backteig herstellen, indem das Mehl mit den Eiern und der Milch sowie der Prise Salz gut verquirlt wird. Nun die Hollerblüten im Backteig wenden und schwimmend im heißen Fett goldbraun ausbacken. Anschließend mit Zucker und Zimt bestreuen.

# Honigkuchen mit Walnüssen

Wenn Sie diesen köstlichen Nektar genießen, sollten Sie immer daran denken, daß zu seiner Produktion ein enormer Fleiß der Bienen Voraussetzung war. Denn um ein Kilogramm Honig zu erzeugen, müssen rund 6 Millionen Einzelkleeblüten oder gut 1,5 Millionen Akazienblüten beflogen werden, um nur zwei Beispiele zu nennen. Geruch, Geschmack und Farbe sind je nach Herkunft sehr verschieden. So gibt es etwa Linden-, Ahorn-, Raps-, Klee-, Heidehonig und Tannenhonig. Die Farbe wechselt dabei von fast wasserhell bis fast schwarz. Ob Honig dünnflüssig oder fest ist, hat mit seiner Qualität entgegen einer weit verbreiteten Annahme nichts zu tun. Für dieses Rezept sollten Sie einen sehr aromatischen Honig verwenden.

*250 g Bienenhonig, 350 g Mehl, 1/2 Päckchen Backpulver, 3 Eier, 200 g Zucker, je 1 gestrichener Teelöffel Zimt und Kardamom, 100 g Walnußkerne*

Falls der Honig fest ist, im warmen Wasserbad flüssig machen. Das Mehl mit dem Backpulver mischen. Eier und Zucker schaumig rühren, die Gewürze sowie die feingeschnittenen Walnüsse dazutun, schließlich das Mehl und den Honig. Alles zu einem geschmeidigen Teig kneten, den man sofort in eine gut gefettete Kastenform gibt. In der Backröhre nun bei mittlerer Hitze (200°C) so lange backen, bis er außen hellbraun geworden ist.
Nun löst man ihn vorsichtig an den Rändern und stürzt ihn aus der Form. Nach dem Abkühlen schneidet man den Honigkuchen in vier Teile, wickelt diese in Alufolie oder Pergamentpapier ein und bewahrt ihn am besten in einem Steintopf auf. Zum Verzehr werden stets nur sehr dünne Scheiben abgeschnitten.

# Hutzelbrot

„A Kaffee und a Kuong" — das bedeutet in Franken soviel wie keine großen Umstände machen, denn man hat stets etwas Leckeres für den überraschenden Besuch im Haus — vor allem zur Weihnachts- und Adventszeit. Das Hutzelbrot hat seinen Namen übrigens vom niederdeutschen „hotten", was soviel wie schrumpfen bedeutet. Gemeint sind hiermit vor allem die gedörrten Birnen, ein Hauptbestandteil dieser süßen Schleckerei, die auch in Schwaben sehr beliebt ist.

*3 Eier, 125 g Zucker, 1 Päckchen Vanillezucker, 1 Eßlöffel Lebkuchengewürz, je 125 g gehackte Mandeln und Haselnüsse sowie geschnittene Feigen, je 100 g getrocknete Birnen und Aprikosen, 200 g Sultaninen, 1 Päckchen Backpulver, 150 g Mehl, 2 Eßlöffel Rum, 1 Eßlöffel Zitronensaft*

Die Eier mit Zucker und Vanillezucker schaumig schlagen, das Lebkuchengewürz, die Mandeln, Haselnüsse und Feigen sowie die feingeschnittenen Birnen und Aprikosen hinzufügen, dann die Sultaninen und zum Schluß das mit dem Backpulver gemischte Mehl, Rum und Zitronensaft in die Masse geben. Nun den Teig in eine Kasten- oder Auflaufform, die mit gefettetem Pergamentpapier ausgelegt ist, geben und bei etwa 180° C eine gute Stunde backen. Nach dem Backen kurz abkühlen lassen und auf einen Rost stürzen, das Pergamentpapier abziehen.
Eine Variante ist, aus der Teigmasse kleine längliche Wecken zu formen und sie auf einem bemehlten Blech auszubacken.

# Hutzelbrüh mit grüna Backes

Hutzeln sind ja bekanntlich gedörrte Birnen. Dieses Obst wurde schon von den Menschen der Jungsteinzeit von wilden Birnbäumen gesammelt. Im 2. Jahrtausend vor der Zeitenwende wurden erstmals in Persien und Armenien Birnbäume systematisch kultiviert und gelangten über Griechenland und Italien zu uns. Zur Zeit Karls des Großen — um 800 — hatten Birnen bei uns schon eine weite Verbreitung gefunden.

*125 g Hutzeln (Dörrbirnen), 1 Eßlöffel Zucker, 1 Stück Zimtrinde, 1 Zitronenscheibe, 2 Eßlöffel Speisestärke, 1 Liter Wasser*

Die Hutzeln über Nacht in 1 Liter Wasser einweichen. Am nächsten Tag mit dem Einweichwasser, Zucker, Zimt und Zitronenscheibe kochen, bis die Früchte weich sind. Anschließend die Suppe durchsieben und mit der in kaltem Wasser angerührten Speisestärke binden. Dazu reicht man „grüne Backes", das sind Kartoffelpuffer aus rohen Kartoffeln.

*1 kg rohe Kartoffeln, 2 Eier, 1/8 Liter saure Sahne, Salz, 50 g Mehl, Fett zum Ausbacken*

Kartoffeln schälen, waschen, reiben und etwas ausdrücken. Mit den Eiern, der Sahne, etwas Salz und Mehl vermengen. Fett in der Pfanne erhitzen und aus dem Teig kleine Küchlein formen, die man goldgelb und knusprig ausbäckt.

# Fränkisches Kalbsbries

Das Kalbsbries, anderswo auch Schweser, Milcher, Briesel genannt, ist die Thymusdrüse des Kalbes und sitzt im vorderen Teil der Brusthöhle. Sie ist etwa 250–350 g schwer und regelt das Wachstum und die Knochenbildung beim jungen Tier. Das appetitlich weiße Bries zählt wegen seiner Zartheit und seines Wohlgeschmacks zu den Delikatessen und ist daher auch nicht ganz billig. Sie sollten es übrigens beim Metzger vorher bestellen, denn er wird es nicht stets frisch vorrätig haben, und frisch muß es unbedingt sein.

*2–3 Kalbsbries, Essigwasser, je 1 Prise Salz und Pfeffer, 1/2 Bund Petersilie, 100 g Butter*

Das Bries so lange gut wässern, bis kein Blut mehr heraustritt, die knorpeligen Stellen entfernen und kurz mit heißem Essigwasser überbrühen, damit es schön weiß wird und sich die Haut gut lösen läßt. Nach Abziehen der Haut das Bries in flache Scheiben schneiden, mit Salz, Pfeffer und der feingehackten Petersilie würzen. Nun in der heißen Butter in gut 10 Minuten goldgelb backen, sofort mit der Bratbutter servieren. Dazu ißt man Salzkartoffeln und junges Gemüse oder Kartoffelsalat mit Frischsalaten.

# Kalbshaxe blau

(für 2 bis 3 Personen)

Einem echten Franken bedeutet ein herzhafter Braten mit einer deftigen Soße mehr als ein noch so gut zubereitetes Fischgericht. Ohne einen guten Braten ist ein Sonntag nun eben mal kein Sonntag. Vor allem gut gewürzt muß er sein — denn zu würzen verstehen sie, die Franken! Nicht umsonst stammt das erste erhalten gebliebene Kochbuch aus Würzburg. Es erschien bereits 1340 unter dem Titel „Daz buoch von guoter spize". Auch dort kann man schon den verschwenderischen Umgang mit Gewürzen aus dem Orient nachlesen.

1 Hinterhaxe vom Kalb,
Butterschmalz, 2 Karotten, 1 Sellerie,
2 Zwiebeln, 1 Stange Lauch,
2 Lorbeerblätter, Pfefferkörner,
1/2 Teelöffel Salz,
1/10 Liter Essig

Die Kalbshaxe salzen und ganz kurz in Butterschmalz von allen Seiten anbraten. 1 Karotte, 1/2 Sellerie, 1 Zwiebel und 1/2 Stange Lauch werden kleingeschnitten und in 2 Liter Wasser gegeben. Hinzu kommen 2 Lorbeerblätter, Pfefferkörner, 1/2 Teelöffel Salz und 1/10 Liter Essig. Die Zutaten in einem großen Topf 2 Minuten kochen lassen. In den kochenden Fond legt man die angebratene Kalbshaxe und läßt sie etwa 30 Minuten köcheln. Zwischenzeitlich wird die restliche Menge Gemüse in feine Streifen geschnitten. Der Sud der Haxe und des verkochten Gemüses wird passiert und in einen frischen Topf gegossen. Die Haxe in dem Sud unter Hinzufügung des restlichen, frischen Gemüses köcheln, bis sie gar ist. Beim Anrichten gibt man das Gemüse mit etwas Fond über das Fleisch und bestreut es mit Petersilie. Als Beilage sind Salzkartoffeln und frische Salate zu empfehlen.

# Kalbsnierenbraten

Es wird mit Recht ein guter Braten / gerechnet zu den guten Taten. / Ein braves Mädchen braucht dazu / mal erstens reine Seelenruh, / daß bei Verwendung der Gewürze / sie sich nicht hastig überstürze. / Dann zweitens braucht sie Sinnigkeit, / ja, sozusagen Innigkeit, / damit sie alles appetitlich, / bald so, bald so und recht gemütlich / begießen, drehn und wenden könne, / daß an der Sache nichts verbrenne.

*750 g Kalbsnierenstück, Salz, 1 Zwiebel, 2 Karotten, 1 Stück Sellerie, 2 gestrichene Eßlöffel Butterschmalz, 1/2 Tasse Wasser, 1/2 Liter Fleischbrühe aus Würfeln, 1 gestrichener Teelöffel Speisestärke, 1 Tasse saure Sahne*

Die Nieren aus dem Fleisch lösen, wässern, dann aufschneiden und von allen Strängen befreien. Das Fleischstück säubern und salzen, die Nieren ins Fleisch rollen und mit einem Faden zusammenbinden. Die Zwiebel schälen, Karotten und Sellerie putzen und alles in kleine Stücke schneiden. In einer Bratenpfanne das Butterschmalz erhitzen und den Nierenbraten von allen Seiten gut anbräunen. Den Braten mit 1/2 Tasse heißem Wasser übergießen, das zerkleinerte Gemüse umlegen und im gut vorgeheizten Backofen 1 1/2 Stunden braten. Während der Bratzeit häufig das Fleisch mit dem Sud übergießen. Den fertigen Braten warmstellen. Den Fond mit der Fleischbrühe aufkochen. Die Speisestärke mit etwas Wasser anrühren und die Soße damit binden, durch ein Sieb passieren und mit der Sahne abrunden.
Zum Kalbsnierenbraten werden Kraut oder Gemüse und Salzkartoffeln serviert.

# Karpfen „Nürnberger Art"

Franken, das Land der Schlösser und der alten Fachwerkhäuser, ist zwischen Jura und Frankenwald übersät mit Karpfenteichen. Fünftausend sollen es in Oberfranken, viertausend in der Oberpfalz und fast dreitausend im Pegnitz-, Regnitz- und Wörnitzgebiet sein. Hochberühmt sind die Spiegelkarpfen des Aischgrundes, ebenfalls als erstklassige Delikatesse werden die aus den Zuchtweihern um Fürth und aus dem oberpfälzischen Schildastädtchen Hirschau angesehen.

---

*1 Karpfen (ca. 1 kg), 1 Flasche Pils-Bier, Salz, Pfeffer, Paprika, Mehl, 1 gehäufter Eßlöffel Butterschmalz, 30 g Butter;*
*Meerrettichsahne: 0,1 Liter süße Sahne, 1 geriebener Apfel, 1 gestrichener Eßlöffel geriebener möglichst frischer Meerrettich*

---

Karpfen schlachten, säubern und längs teilen. Der halbierte Fisch wird etwa 15 Minuten in reichlich Bier mariniert. Danach nimmt man die Hälften heraus, salzt sie ein und würzt sie mit frisch gemahlenem Pfeffer und etwas Paprika. Anschließend in Mehl wälzen und im Backofen bei 160° C braten. Ab und zu mit Bratfett übergießen. Der Karpfen ist gar, wenn die Kiemen gleichmäßig braun sind. Nun wird das Bratfett abgegossen, reine Butter in die Backpfanne gegeben und der Fisch nochmals damit übergossen. Sofort anrichten und mit Meerrettichsahne und Petersilienkartoffeln servieren.
Meerrettichsahne: Die süße Sahne steif schlagen und langsam den geriebenen Apfel und den Meerrettich unterheben.

# Fränkische Karpfensuppe

Franken ist fischreich. Daher verwundert es nicht, daß auf der Speisekarte der Franken viele delikate Fischgerichte stehen. Der schlammiges und ruhiges Wasser liebende Spiegelkarpfen kommt aber nicht nur aus dem dafür berühmten Aischgrund, sondern auch aus den zahlreichen kleinen Flüssen und stillen Weihern des Frankenlandes.

*1 Karpfen (ca. 2 Pfund), 50 g Butter, 1 Teelöffel Salz, 1 Karotte, 1/2 Stange Lauch, 1/2 Sellerie, 2 Lorbeerblätter, 1 Zwiebel, Pfefferkörner, Salz, 1 1/2 Liter Wasser, 4 Eiweiß, 200 g Fischfilet (beliebig), 20 g Petersilie*

Karpfen schlachten, waschen und filieren. Die Gräten, Flossen und den Kopf in etwas Butter anschwitzen und mit leicht gesalzenem Wasser aufgießen. Zerkleinerte Karotte, Lauch, Sellerie, mit Lorbeer gespickte Zwiebel, etwas Pfefferkörner und Salz hinzufügen. Kurz aufkochen und 20 Minuten ziehen lassen. Die Brühe durch ein Passiertuch abgießen und kühl stellen. Die kalte Brühe mit Eiweiß und fein durchgedrehtem Fischfilet klären, passieren und das inzwischen in Würfel geschnittene Karpfenfilet als Einlage hinzugeben. Einmal aufkochen lassen und mit gehackter Petersilie servieren.

# Kärrnersbraten

Dieser Braten soll ein Spezialgericht der Würzburger Kärrner, also der Fuhrleute, gewesen sein, die damals in der Kärrnergasse zu Hause waren. Er ist auch unter dem Namen Gefüllter Nabelfleck bekannt und war und ist beliebt, weil er deftig schmeckt und zugleich preiswert zuzubereiten ist.

*1 1/2 Kilogramm Rindfleisch (Rippe), zur Füllung: 2 Zwiebeln, 50 g Butter, 4 Brötchen, 2 Eßlöffel feingehackte Petersilie, je 1 Prise Salz und Pfeffer; für die Brühe: gut 2 Liter Wasser, 1 Bund Suppengrün, 50 g Butter zum Braten*

Das Fleisch vom Metzger so aufschneiden lassen, daß eine Tasche entsteht. Die Rippen aber nur leicht lösen, nicht herausnehmen. Die in Ringe geschnittenen Zwiebeln in der heißen Butter dünsten, die in kleine Würfel geschnittenen Brötchen anrösten und die restlichen Zutaten nach und nach dazugeben. Danach alles in die Fleischtasche geben und diese mit einem zuvor abgebrühten Zwirnfaden zunähen. Nun das kleingeschnittene Suppengrün im Wasser kochen lassen, die Fleischtasche dazugeben und etwa 90 Minuten vorgaren. Danach herausnehmen, die Rippenknochen ganz herauslösen und den Braten mit der Butter und einer Tasse Brühe in den Backofen geben. Bei 200° C eine Stunde braten, ab und zu begießen.

# Aufgeschmelzte Kartoffelsuppe

Zu diesem Gericht gehört unbedingt Majoran — ein gewiß nicht typisch fränkisches Gewürz. Die Majoranpflanze wird vielmehr auf den sonnigen Hängen in Spanien, Italien, Frankreich und Griechenland gezogen. Selbstverständlich kann man dieses Küchenkraut, mit dem bereits die alten Ägypter würzten, auch im eigenen Garten, möglichst an einem sonnigen Standort, aus Samen ziehen. Zur Blütezeit, im Juli, erntet man die nicht verholzten Stengelspitzen oder lediglich die Blätter, die dann luftig getrocknet und zerrieben werden.

*500 g Kartoffeln, 1 Bund Suppengrün, 1 1/4 Liter Fleisch- oder Würfelbrühe, 1 Prise Salz, 1/2 Teelöffel Majoran, 1 große Zwiebel, 50 g Speck oder Fett, 30 g Mehl*

Die Kartoffeln schälen und in Würfel schneiden, das Suppengrün putzen, waschen und ebenfalls kleinschneiden; das Ganze in die Brühe geben und weichkochen mit einer Prise Salz. Nach ca. 25–30 Minuten Garzeit das Gemüse und die Kartoffeln mit dem Stampfer zerdrücken oder durch ein Sieb streichen und nochmals aufkochen lassen. Erst jetzt den Majoran hinzugeben.
Zum Aufschmelzen die Zwiebel kleinschneiden, das Fett zergehen oder den fein geschnittenen Speck ausbraten lassen, das Mehl vorsichtig hineinrühren, warten, bis die Zwiebelscheiben goldgelb geröstet sind, das Ganze über die in einem Topf angerichtete Suppe geben.

# Fränkischer Käsekuchen

In früheren Zeiten waren Süßspeisen den Fest- und Sonntagen vorbehalten, weil der Zucker, den man dafür benötigte, zu den kostbarsten Nahrungsmitteln gehörte. Erst mit der Intensivierung des Handels zur Zeit der Hanse wurde der zum Süßen verwendete heimische Honig vom Zucker nach und nach verdrängt.

*Für den Hefeteig: 500 g Mehl, 30 g Hefe, 1 Teelöffel Zucker, knapp 1/4 Liter handwarme Milch, 165 g Margarine, 65 g Zucker, 1 Prise Salz, 1 kleines Ei, Margarine zum Einfetten; für den Belag: 1000 g Magerquark, 1/8 Liter Milch, 4 Eier, 150 g Zucker, 1 Päckchen Vanillezucker, 1500 g Äpfel*

Mehl in eine Backschüssel geben und in der Mitte eine Mulde formen. Die Hefe einbröckeln, mit einem Teelöffel Zucker bestreuen und die handwarme Milch darauf gießen. Mit etwas Mehl vom Rand zu einem Vorteig verrühren. Margarine in Flöckchen auf dem Mehlrand verteilen und 20 Minuten zugedeckt gehen lassen. Dann den Zucker in die Mitte streuen, Salz und Ei dazugeben und mit einem Löffel verrühren. Dabei das Mehl vom Rand einarbeiten. Dann den Teig von außen nach innen kneten, bis er locker und trocken ist. Ein Backblech mit hohem Rand einfetten. Den Teig ausrollen, in das Blech legen und die Ränder andrücken. Zugedeckt noch einmal 20 Minuten gehen lassen. Magerquark mit Milch in einer Schüssel sahnig rühren. Auf dem Hefeteig verstreichen. Dann die Eier mit Zucker und Vanillezucker verquirlen und über den Quark verteilen. Die Äpfel schälen, entkernen und in dünne Schnitze schneiden. Den Kuchen gleichmäßig damit belegen und wiederum 10 Minuten gehen lassen. Im vorgeheizten Ofen bei 200°C 35 Minuten backen.

# Kirschenmännla

Eine richtige fränkische „Möllschpeis" (hochdeutsch Mehlspeise) hat es schon in sich, denn meist ist sie so sättigend, daß man sie als Hauptgericht verzehren kann. So auch in diesem Fall: Das „Kärschmännla" (Kirschenmännchen) ist nämlich ein Auflauf mit reichlich guten Zutaten, so daß man dazu nur noch ordentlich starken Kaffee zu reichen braucht. Warum das Rezept aber Kirschenmännla heißt, bleibt unerfindlich — vielleicht hat man es früher in einer entsprechenden Form gebacken.

*1 kg Brot (weiß, gemischt oder schwarz), zweimal 1/4 Liter Milch, 3–4 Eier, 100 g Zucker, je 1 Prise Zimt und Salz, abgeriebene Schale einer Zitrone, 50 g Butter, 1 1/2 kg Kirschen, Zucker und Zimt zum Bestreuen*

Das Brot in 1/4 Liter lauwarmer Milch gut einweichen, anschließend ausdrücken und es in eine große Schüssel geben. Die Eier mit dem anderen Viertelliter Milch verrühren, Zucker, Zimt, Salz und Zitronenschale hinzugeben und alles mit der Brotmasse vermengen, ebenso die zerlassene Butter. Nun die entsteinten Kirschen daruntergeben und die Masse in eine gut gebutterte Auflaufform füllen und bei mittlerer Hitze (200° C) 40–50 Minuten backen. Zum Schluß kann nach Belieben mit Zucker und Zimt sowie mit Butterflöckchen bestreut werden.
Das richtige Kirschenmännla ist innen saftig und außen knusprig.

# Nürnberger Kohlrabi

Den Pompejanischen Kohl hat bereits der berühmte Plinius beschrieben, und seit den Zeiten der Römer hat er auch Eingang in die europäischen Küchen gefunden. Allerdings hat dieses Gemüse nicht ganz die Verbreitung gefunden, die es aufgrund seines zarten Kohlgeschmacks verdient hätte. Vielleicht liegt es daran, daß man immer wieder holzige und somit kaum genießbare Knollen bekommt. Achten Sie daher beim Einkauf besonders darauf, daß die Kohlrabi jung und frisch sind. Es gibt übrigens unzählige Zubereitungsarten: gedünstet, gefüllt, als Püree. Mundartlich heißt der Kohlrabi in Franken übrigens „Kollarohm" oder „Kolrowe". Andernorts nennt man ihn auch „Oberrübe", weil er seinen Fruchtkörper über der Erde entwickelt, im Gegensatz zur Kohlrübe, in deren Familie er gehört.

*4–5 Kohlrabi mit Blattgrün, Salzwasser, 50 g Butter, 40 g Mehl, 1 Prise Selleriesalz und Pfeffer*

Die Kohlrabi dünn schälen, eventuell die holzigen Stellen entfernen, in Scheiben schneiden, ins Salzwasser geben und garen lassen. Inzwischen die einwandfreien Kohlrabiblätter heraussuchen, die harten Rippen entfernen und in einem anderen Topf ebenfalls in ein wenig Salzwasser andünsten. Wenn die Blätter halbweich sind, aus dem Topf nehmen und durch den Fleischwolf drehen (oder mit dem Küchengerät zerkleinern), das bittere Kochwasser weggießen.
Wenn die Kohlrabi weich sind, aus der Butter und dem Mehl eine hellbraune Mehlschwitze bereiten, mit dem Kohlrabiwasser auffüllen und erst jetzt die Scheiben und das Blattgrün hinzufügen. Alles auf kleiner Flamme weiterkochen lassen, mit Salz und Pfeffer abschmecken. Die Gesamtkochzeit beträgt ca. 45 Minuten.

# Bamberger Krautbraten

Bamberg, in Mittelalter und Neuzeit immer wieder das „deutsche Rom" genannt, hat neben seinen prächtigen Barockbauten und romantischen Winkeln auch vieles zu bieten, was Leib und Seele zusammenhält. Dieser Krautbraten ist dafür der beste Beweis.

*1 mittelgroßer Kopf Weißkraut, 80 g Schweineschmalz, 1 Zwiebel, 1 Prise Salz, 1 Lorbeerblatt, 1 Gewürznelke, je 150 g Rinderhack, Schweinehack und würflig geschnittenes Schweinefleisch (oder Bratenreste), je 1 Prise Salz und Pfeffer, 50 g in dünne Scheiben geschnittener Speck, 2 Eßlöffel saure Sahne*

Den gewaschenen Krautkopf kurz in heißes Wasser geben, 6–8 große Blätter ablösen, das restliche Kraut in kleine Würfel schneiden und im heißen Schmalz mit der kleingeschnittenen Zwiebel, Salz, Lorbeerblatt und der Nelke weichdünsten. Nun eine gut gefettete Bratpfanne mit 3–4 großen Krautblättern auslegen und das gedünstete Kraut mit dem Hackfleisch, den Fleischwürfeln sowie etwas Salz und Pfeffer gut vermischen. Diesen Fleischteig auf die Krautblätter geben und alles mit den restlichen Krautblättern abdecken, die mit den Speckscheiben belegt und der sauren Sahne bestrichen werden. Das Ganze wird im heißen Ofen eine gute Stunde gebraten und in Scheiben geschnitten aufgetragen.

# Krautwickerle

Bei den Angelsachsen soll Kohl schon im 5. Jahrhundert Volksnahrung gewesen sein. Aber auch die Römer müssen ihn gekannt haben, denn sie haben ihm den Namen gegeben. Damals hieß er ‚caput', woraus sich dann Kappus und Kappes formte — eine Bezeichnung, die noch heute in vielen Landstrichen Deutschlands verwendet wird.

*1 Weißkohl, 400 g Hackfleisch (nur vom Schwein oder von Schwein und Rind gemischt), 1 kleingehackte Zwiebel, 4 Eier, Salz, Pfeffer, Muskat, 4 Scheiben Speck*

Weißkohl im kochenden Wasser brühen, danach die einzelnen Blätter freilegen. Hackfleisch, Zwiebel, Eier und etwas Wasser vermengen und mit Salz, Pfeffer und Muskat würzen. Jeweils 100 g Hackfleischmasse in 3 bis 4 Krautblätter einwickeln, eine Speckscheibe darüberlegen und in einer Pfanne ca. 60 Minuten gardünsten. Auf Kartoffelbrei anrichten.

# Kühkäs

Auch der Frankenkenner wird dieses Gericht nicht überall finden, denn es stammt aus Familienüberlieferungen des alten Gasthofes der Familie Leicht im Würzburger Vorort Biebelried. Wenn es Sie einmal in diese Gegend verschlagen sollte, dann fragen Sie unbedingt nach dem Kühkäs und genießen Sie ihn zum Vesper, oder so einfach zwischendurch:

*250 g Vollmilchquark, 100 g reifer Romadur, je eine gute Prise Pfeffer, Kümmel und Salz, 2 kleine, feingehackte Zwiebeln, 1 Eigelb, 1/2 Teelöffel Natron*

Die Zutaten gut miteinander verrühren und in einer Pfanne kurz erhitzen, danach erkalten lassen und zu einem Ballen formen. Dazu reicht man ein frisches Bier und herzhaftes Schwarzbrot.
Früher wurde der Quark in irdenen Töpfen mit Pergamentpapier zugebunden. Im Keller gärte nun der Quark und war reif, wenn er aus den Löchern zu quellen begann. Dieses Verfahren ist für den Hausgebrauch etwas umständlich, so daß mit dem oben beschriebenen Rezept ein einfacherer und ebenfalls hervorragend schmeckender Ersatz gefunden wurde.

# Kümmerlessuppe

Im Mai werden sie gesät. Anfang Juli können dann die ersten geerntet werden. Sonnige und geschützte Lage, guten Boden und sehr starke Düngung fordern sie — die Gurken oder, wie die Franken sagen, die Kümmerles. Die Chinesen und Inder kennen bereits seit 4000 Jahren dieses Gemüse, dessen Urheimat die Südhänge des Himalaja sind. Über Griechenland und Italien hat es uns zu Zeiten Karls des Großen (um 800) erreicht. Aber erst im 17. Jahrhundert sind wir so richtig auf die Gurke gekommen.

*Ca. 1 kg frische Salatgurken (Kümmerles), 1 Eßlöffel Butter, 2 Eßlöffel Mehl, etwas Sahne, 1 Prise Salz, gehackter Dill, Schnittlauch, Petersilie*

Kümmerles würfelig schneiden und in etwas Wasser andünsten. Die Flüssigkeit ergibt den Sud zum Aufgießen der Mehlschwitze. Aus der Butter und dem Mehl eine leichte Mehlschwitze machen und mit dem Gurkensud auffüllen. Abkühlen lassen, mit Sahne verfeinern, mit Salz abschmecken. Anschließend die Kümmerles und die feingehackten Kräuter dazugeben. Diese Suppe kann warm oder kalt serviert werden.

# Liptauer

Der Liptauer-Käse stammt aus den ungarischen Karpaten und wurde ursprünglich aus Schafsmilch, später auch aus Kuhmilch oder einer Mischung aus beidem erzeugt. Es handelt sich um einen Frischkäse mit buttriger Konsistenz, der in Österreich, Bayern und Franken viele Freunde gefunden hat. Allerdings ist hier der Liptauer weniger als Originalkäse bekannt, sondern vielmehr als eine angemachte Mischung von Käse, Butter, Zwiebeln und anderen Zutaten. Im Fränkischen ist diese Spezialität auch als „Gerupfter" bekannt, und in München hat sie im „Obatztn" einen Verwandten. Zum „Liptauer" paßt wunderbar eine frische Bretzel und ein kühles Bier, aber auch ein „Federweißer", ein frisch gekelterter und noch nicht ganz vergorener Wein oder Most.

*200 g Liptauer (ersatzweise auch Camembert und Romadur), 100 g weiche Butter, 2 weichgekochte, noch warme Eier, 1 Zwiebel, Schnittlauch, 2–3 Eßlöffel Weißwein, 1 Messerspitze Paprika, 1 Teelöffel Senf, zum Garnieren Weintrauben und Walnüsse*

Käse, Butter, Eier, die feingehackte Zwiebel und den feingeschnittenen Schnittlauch mit einer Gabel zerdrücken und gut mischen. Den Weißwein, Paprika und den Senf unterrühren. Kühlstellen. Mit Weintrauben und Walnüssen garnieren.

# Mainhecht in Sauerrahm

Auch im römischen Kaiserreich kannte man bereits Umweltprobleme. So mußte ein Hecht, wenn er als genießbar gelten sollte, „zwischen den beiden Brücken" gefangen werden, d. h. in dem Abschnitt zwischen der Tiberinsel und der Mündung des Hauptabwasserkanals. Man muß also nicht nur wissen, wie man diesen schnellen Raubfisch an die Angel lockt, sondern auch wo. Und wahrscheinlich und leider werden wohl die Probleme am Tiber in ähnlicher Form auch am Main zu finden sein.

*1 Hecht (ca. 1500 g),
100 g geräucherter fetter Speck,
Salz, Zitrone, etwas Mehl,
Butterschmalz, 1/2 Liter
Frankenwein, Bratensoße (Fertigprodukt), 0,2 Liter saure Sahne*

Den ausgenommenen Hecht säubern, waschen, filieren und häuten. Der von den Gräten befreite Fisch wird mit Speckstreifen gespickt, mit Salz und Zitrone gewürzt und mit etwas Mehl bestäubt. Die Stücke kurz in Butterschmalz anbraten und mit einem trockenen Frankenwein ablöschen. Der Fisch soll nun 20 Minuten in dem Weißweinsud dünsten. Die fertigen Filets aus der Pfanne nehmen. Dem Fond ein wenig Bratensoße und die saure Sahne hinzugeben. Die Soße kurz aufkochen lassen, abschmecken und über die Filets gießen. Als Beilage eignen sich Naturkartoffeln und Gurkensalat mit frischem Dill.

# Maiwein

Frankenland ist Bocksbeutelland. Bocksbeutel sind jene grünlich schimmernden bauchigen Flaschen, die dem Wein aus Franken und dem badischen Taubertal vorbehalten sind. Charakteristisch für den fränkischen Wein ist sein vom Muschelkalkboden des Maindreiecks und vom Keuperboden des Steigerwaldes geprägter fruchtig-saftiger und herber Geschmack. Der Maiwein erhält sein eigenartiges Aroma aber hauptsächlich vom frischen Waldmeister, daher auch Waldmeisterbowle genannt. Das Rezept ist auch in anderen Weingegenden beliebt, erstaunlicherweise aber auch in Berlin, wo nur ganz wenig Wein angebaut wird. Man achte darauf, daß der Waldmeister nicht zu lange im Wein verbleibt, da sonst unangenehmes Kopfweh die Folge sein könnte. Aus diesem Grund auch keinen Zucker zusetzen.

*2 Flaschen Weißwein (Frankenwein) 0,7 Liter, 1 Bund frischer junger Waldmeister, 1 Flasche trockener Sekt*

Den gut gekühlten Wein in ein Bowlengefäß gießen. Den Waldmeister waschen, trockentupfen, mit einer Schnur zusammenbinden und nur mit den Blattspitzen in den Wein hängen. Nach 30 Minuten entfernen und mit eiskaltem Sekt auffüllen.

# Coburger Makronen

Die Makronen sind ein plätzchenförmiges Gebäck französisch-italienischer Tradition. Sie gehören einfach zur barocken Lebensfreude des Südens, und so haben sie sich natürlich auch in Franken in vielen Varianten erhalten. Unverzichtbare Bestandteile sind Mandeln, Haselnüsse und Kokosraspeln.

*4 Eiweiß, 1 Prise Salz, 1 Päckchen Vanillezucker, 300 g Puderzucker, 350 g fein gehackte Mandeln, Haselnüsse und Kokosraspeln, 1 Prise Zimt, kleine Oblaten*

Das Eiweiß steif schlagen und nach und nach Salz, Vanillezucker und Puderzucker unterrühren. Nun die Mandeln, Haselnüsse und Kokosraspeln sowie die Prise Zimt hinzufügen. Mit 2 Teelöffeln kleine Häufchen formen, auf die Oblaten setzen und bei etwa 150° C in gut 20 Minuten goldgelb backen.

# Meefischli gebacken

Die Meefischli sind eine Würzburger Spezialität. Es sind kleine und kleinste Weißfische aus dem Main, die in schwimmendem Fett gebakken, aus der Hand gegessen und mit erdigem Frankenwein genossen werden. Der Kenner ißt sie mit allem, was dran ist. Nur die größeren Fische werden vorher ausgenommen.

*1 kg Meefischli, Zitronensaft, Salz, 2 Eßlöffel Mehl, 1 Messerspitze Zimt, Fett zum Backen, Zitrone und Petersilie zum Garnieren*

Die Meefischli schuppen, nur die größeren ausnehmen, waschen, salzen und mit Zitronensaft beträufeln. Etwa eine Stunde ziehen lassen. Dann in Mehl, das mit dem Zimt vermischt wurde, wenden und in siedend heißem Fett goldgelb und knusprig ausbacken. Mit Zitrone und Petersilie garnieren. Dazu einen herben Frankenwein reichen. Man kann auch sehr gut Kartoffelsalat zu den Meefischli servieren.

# Meerrettichsoße – Kren

Dieser Rettich, in Süddeutschland und Österreich auch Gren oder Kren genannt, hat seinen Namen nicht etwa daher, daß er am Meer wächst, sondern von unseren Altvorderen, denn „Merratik" bedeutet auf althochdeutsch „größerer Rettich", und man erfreute sich schon damals am würzig-scharfen Geschmack, der einem schon einmal das Wasser in die Augen treiben kann.

*1 große Stange Meerrettich, 40 g Fett, 3 Eßlöffel Semmelbrösel, je 1 Prise Salz und Zucker, 1/4 Liter Fleischbrühe oder Milch*

Den Meerrettich waschen, abschaben und auf dem Reibeisen verreiben. Nun das Fett zerlassen, den geriebenen Rettich darin dünsten, die Semmelbrösel hinzugeben und das Ganze noch ein wenig weiter rösten lassen, dann abschmecken. Nach Hinzugeben der Fleischbrühe oder der Milch bei offenem Topf nach Belieben weiterkochen lassen — der Meerrettich verliert dann seine Schärfe. Die gesamte Garzeit beträgt ca. 15–20 Minuten. Man kann den Meerrettich übrigens auch schnell und einfach in der Küchenmaschine zerkleinern, was weit weniger Tränen kostet als die Handmethode. Wenn Sie die Soße übrigens etwas schärfer mögen, so geben Sie ungefähr ein Drittel des geriebenen Meerrettichs erst kurz vor Ende der Garzeit in den Topf. Die Ihnen passende Mischung werden Sie bald herausfinden.

# Feine Mehlknödel

Knödel aller Art stehen nicht nur in Franken in hohem Ansehen — die Bayern und auch die Schwaben können da mithalten. Ganz gleich, ob aus Mehl, Grieß, Semmeln, Fleisch, Fisch oder Kartoffeln — oftmals sind die Knödel oder Klöße der Mittelpunkt einer Mahlzeit.

*1 Pfund Mehl, 4–5 Eier, 1/4–3/8 Liter Milch, 1 gute Prise Salz, 4 Semmeln, 40 g Fett, Salzwasser zum Kochen*

Das Mehl wird mit den Eiern, Milch und Salz zu einem glatten Teig verrührt. Die alten Semmeln in Würfel oder dicke Scheiben schneiden und im Fett leicht braun rösten. Dann unter den Teig rühren und das Ganze eine gute Stunde ziehen lassen.

Nun mit zwei Eßlöffeln Knödel formen, diese in das kochende Salzwasser legen und bei zugedecktem Topf je nach Größe 20–30 Minuten leise kochen lassen.

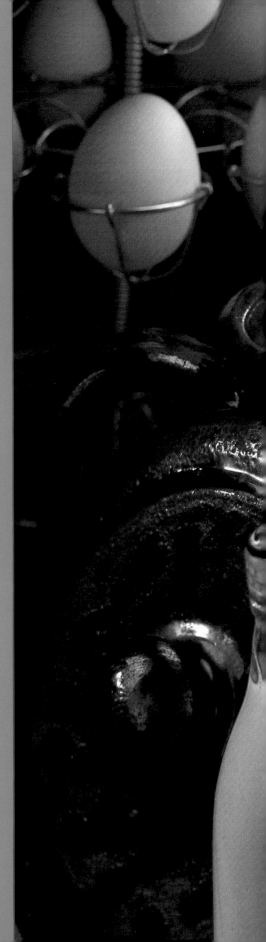

# Volkacher Metzelsuppe

Volkach, das kleine Städtchen in Unterfranken, hat nicht nur ein malerisches Stadtbild aufzuweisen. Neben der berühmten gotischen Pfarrkirche und dem Renaissance-Rathaus aus dem 16. Jahrhundert hat Volkach auch kulinarische Besonderheiten zu bieten. So wird hier die in Franken und Schwaben gern zubereitete Metzelsuppe mit Teigbrösel verfeinert.

*1 in Streifen geschnittene Zwiebel, 30 g Schweineschmalz, 1 1/2 Liter Wasser (besser Brühe), 2 Leberwürste, 2 Blutwürste, 1 Teelöffel Salz, frischer Pfeffer, 1 gestrichener Teelöffel Majoran, 1/2 Teelöffel Muskat, 1 Prise Fondor, 1 Ei, ca. 100 g Mehl*

Die in Streifen geschnittene Zwiebel im Schmalz anbräunen und mit Wasser oder Brühe auffüllen. Die Leber- und Blutwürste vom Darm befreien, in die Flüssigkeit geben und aufkochen lassen. Mit Salz, Pfeffer, Majoran, Muskat und Fondor würzen und noch ca. 5 Minuten köcheln lassen. Nun nimmt man ein großes Ei und verrührt es in einer Schüssel mit etwas Salz, gibt das Mehl hinzu und verquirlt die Masse, bis trockene Teigbrösel entstehen. Sie werden so lange zwischen den Handflächen verrieben, bis sie ganz fein sind. Danach werden die Brösel in die bereits gewürzte, noch köchelnde Brühe langsam hinzugegeben und noch 2 Minuten aufgekocht.

# Nürnberger Lebkuchen

Nürnberg und seine Lebkuchen — sie haben diese schöne Stadt an der Pegnitz wahrscheinlich berühmter gemacht, als ihre großen Söhne oder ihre Geschichte es vermochten. Die Lebkuchen sind vorweihnachtliche Boten des nahenden Festes. Es gibt Lebkuchen, die hellbraun auf ihren Oblaten liegen, orientgewürzte Elisen, honigdunkle Soßenlebkuchen, dunkelbraune Gewürzplätzchen mit Kardamomgeschmack. Auf dem berühmten Christkindlesmarkt der Spielzeugstadt Nürnberg kann man alljährlich die unterschiedlichsten Lebkuchenvariationen bewundern, schnuppern und kosten.

*2 Eier, 200 g Zucker, 40 g Zitronat, 125 g Mehl, 75 g geriebene Mandeln, 75 g geschnittene Mandeln, etwas abgeriebene Zitronenschale, 2 Messerspitzen Zimt, 1 Messerspitze gemahlene Nelken, 1 Messerspitze Kardamom, 16 bis 20 Oblaten*

Die Eier mit dem Zucker schaumig rühren. Das Zitronat fein würfeln. Das Mehl, die Mandeln, das Zitronat, die Zitronenschale und die Gewürze zur Eimasse geben und alles gut verrühren. Den Teig 1/2 cm dick auf den Oblaten verteilen. Die Lebkuchen bei 175° C etwa 20 Minuten im Backofen backen. Anschließend mit Zucker- oder Schokoladenguß überziehen. Die Lebkuchen sind zuerst hart und müssen eine Zeitlang in einer Blechdose aufbewahrt werden.

# Gesottenes Ochsenfleisch

Zu diesem Gericht, das in ganz Süddeutschland, aber auch in Österreich (Wiener Tafelspitz) bekannt ist, gehört unbedingt die berühmte Krensoße. Man sagt, daß der beste Meerrettich im Forchheimer und Höchstadter Gebiet wächst. Doch auch aus anderen Gebieten ist er nicht zu verachten, die Hauptsache ist, man bekommt ihn frisch und achtet darauf, keine holzige Wurzel zu erhalten.

*80 g Schmalz, 1/2 Zwiebel, evtl. 1 Knoblauchzehe, 1 Tomate, 1 Bund Suppengrün, 1 kg Ochsenfleisch, am besten Bugblatt oder Tafelspitze, je 1 Prise Pfeffer und Salz*

Das Fett im Topf heiß machen, die kleingeschnittene Zwiebel, geviertelte Tomate und das kleingehackte Suppengemüse dazugeben und anbräunen. Das Fleisch pfeffern und salzen und von beiden Seiten im Topf kurz anschmoren lassen. Nun mit Wasser auffüllen, so daß das Fleisch eben bedeckt ist, 1 1/2 bis 2 Stunden sieden lassen (daher der Begriff „gesottenes" Ochsenfleisch oder im schwäbischen „Siedfleisch" genannt), danach herausnehmen und in fingerdicke Scheiben schneiden.
Die Scheiben in vorgewärmten Tellern (das Gericht muß unbedingt heiß gegessen werden) anrichten, etwas Brühe daraufgießen und mit der Krensoße (siehe Rezept S. 138) umgeben. Dazu passen Weißbrot, Salzkartoffeln, breite Nudeln, aber auch Kombinationen aus sauren Gürkchen, Maiskolben, süßsauren Tomaten, Preiselbeeren.

146

# Fränkische Pfannkuchen

Pfannkuchen kennt jeder: Nicht aber den fränkischen. Mit einem Gemisch aus Zwetschgenmus, Zwetschgenwasser und Sahne wird er bestrichen und damit zur Köstlichkeit. Und gegessen wird, soviel der Magen vertragen kann.

*Pfannkuchenteig: 250 g Weizenmehl, 1/2 Liter Milch, 1 Prise Salz, 3 Eier, 1 Schuß Öl, Fett zum Ausbacken*
*Füllung: 200 g Zwetschgenmus, etwas Zwetschgenwasser, 1/4 Liter Sahne, Puderzucker zum Bestreuen*

Mehl, Milch, Salz, Eier und 1 Schuß Öl zu einem etwas flüssigen Teig verarbeiten. Fett in einer Pfanne heiß werden lassen und aus dem Teig dünne Pfannkuchen (Fladen) ausbacken. Zwetschgenmus, Zwetschgenwasser und die steif geschlagene Sahne miteinander vermischen, die fertigen Pfannkuchen mit der Masse bestreichen und zusammenrollen. Mit Puderzucker bestreut servieren.

# Pfifferlingsuppe

Das Frankenland ist reich an Wäldern, und der Kundige findet immer noch genügend eßbare Pilze, darunter die beliebtesten wie Pfifferling und Steinpilz. Auf fränkischen Küchenzetteln finden sich daher immer wieder Pilzgerichte, und eine Spezialität sind zweifellos Pilzsuppen. Berühmt ist die fränkische „Staapilzsuppe", nicht weniger pikant jedoch ist die hier beschriebene Pfifferlingsuppe.

*250 g frische Pfifferlinge, 1 Zwiebel, 80 g Butter, 1/2 Liter Milch, 3/4 Liter Fleischbrühe, Glutamat, frischer Pfeffer, Mehlbutter (15 g weiche Butter mit 1 Eßlöffel Mehl verknetet), 0,2 Liter süße Sahne, frischer Dill, geröstete Weißbrotwürfel*

Pfifferlinge putzen, gut waschen und anschließend ganz fein wiegen. Eine Zwiebel in Würfel schneiden und mit 50 g Butter anschwitzen. Die Pfifferlinge hinzugeben und 2 Minuten dünsten lassen. Nun gießt man die Milch und die Fleischbrühe darüber und läßt das Ganze 10 Minuten köcheln. Mit Glutamat und gemahlenem Pfeffer aus der Pfeffermühle würzen und passieren. Den abgegossenen Fond mit Mehlbutter binden und die herauspassierten Pfifferlinge wieder in die Brühe geben. Die Suppe mit süßer Sahne und frischem Dill verfeinern. Die Weißbrotwürfel in Butter braten und zum Garnieren auf die Suppe geben.

# Pichelsteiner Topf

Woher der Pichelsteiner Topf eigentlich stammt, weiß so recht niemand. Die einen behaupten, er sei im kleinen Örtchen Büchelstein im Bayerischen Wald zum erstenmal gekocht worden. Die anderen meinen, daß dieses Eintopfgericht aus verschiedenen Fleischsorten, Gemüse und Kartoffeln eine fränkische Erfindung sei. Wie dem auch immer sei — der Pichelsteiner Topf gehört heute zur fränkischen Hausmannskost wie die Meefischli und die Blauen Zipfel.

*100 g durchwachsener Speck, je 200 g Rind-, Kalb- und Schweinefleisch, nach Belieben auch noch 200 g Hammelfleisch, 50 g Rindermark, 2 Zwiebeln, 1 Stange Lauch, 1 Kohlrabi, 1/2 Sellerieknolle, 2 gelbe Rüben, 1 kleiner Kopf Wirsingkohl, 125 g grüne Bohnen, 1 Pfund Kartoffeln, je 1/4 Liter Brühe und Weißwein, eine gute Messerspitze Majoran, je 1 Prise Salz und Pfeffer, 1 Bund Petersilie*

Den Speck würflig schneiden und in einem großen Topf etwas auslassen, das übrige Fleisch ebenfalls würfeln und mit den Gemüsezutaten, die alle kleingeschnitten sein müssen, sowie die gewürfelten Kartoffeln schichtweise in den Topf geben. Brühe und Weißwein sowie Majoran, Salz und Pfeffer erst zum Schluß dazutun. Das Ganze sollte 1–1 1/2 Stunden zugedeckt weichköcheln. Wenn alles gargekocht ist, die Petersilie feingehackt darübergeben.

# Rapunzelsalat

Das Märchen vom Rapunzel der Gebrüder Grimm ist uns allen sicherlich noch bekannt: Es handelt von einem Mädchen, das von seiner Mutter, die stets Rapunzeln begehrte, noch vor seiner Geburt einer Hexe versprochen wurde und später im Winter, im tiefen Schnee, nach den begehrten Blättlein suchen mußte. In der Tat: die Rapunzel gehört zu den sogenannten winterharten Salatpflanzen, die ausgesprochen vitaminreich sind und früher sehr begehrt waren. Heute wächst die Rapunzel- oder Ackerglockenblume häufig wild auf unseren Wiesen. Die noch jungen Blättlein ergeben einen ausgezeichneten Salat, der im Geschmack dem Feld- oder Ackersalat sehr ähnlich, mit diesem aber nicht identisch ist, wie vielfach und fälschlicherweise behauptet wird. Da jedoch das Einsammeln der echten Rapunzelblätter mühsam ist, wird der Salat in der Regel mit Feldsalat angerichtet.

*200 g Rapunzel, 1 kleine feingeschnittene Zwiebel, 2 Eßlöffel Essig oder Zitronensaft, 1 Prise Salz, 1 Eßlöffel Öl, 1 Prise Zucker, eventuell 2 kleine gekochte Kartoffeln*

Den Salat gründlich waschen und in einem Salatsieb trocken schleudern. Aus allen anderen Zutaten wird eine Marinade hergestellt, in der der Salat kräftig durchgeschwenkt wird. In manchen fränkischen Gegenden gibt man noch die gekochten und kleingeschnittenen Kartoffeln hinzu.

# Rebhuhn „Weinhändler"

Es ist nicht verwunderlich, daß ein so waldreiches Gebiet wie Franken eine Fülle hervorragender Wildgerichte zu bieten hat. Ob im Spessart oder Fichtelgebirge, im Frankenwald, der Rhön, im Steigerwald oder auf der Frankenalb — vom deftigen Hasenpfeffer bis zum delikaten Rebhuhn, in Franken auch „Rebhächle" genannt, werden Sie dort alles antreffen, was des Wildliebhabers Herz erfreut.

*4 junge Rebhühner, Weinblätter, 200 g geräucherter Speck, kleine Weintrauben, Salz, Butterschmalz, Butter*

Rebhühner rupfen, ohne die Haut zu verletzen. Nicht auswaschen. Die Rebhühner mit Weinblättern belegen und mit Speckscheiben einwickeln. Salzen und mit Butterschmalz ca. 20 Minuten im Backofen bei 225° C braten. Nachdem sie gar sind, die Fäden entfernen und auf Weinkraut anrichten. Die kleinen Weintrauben in Butter glacieren und mit Kartoffelpüree dazureichen.

# Reibedatschi

Schon vor der Entdeckung Amerikas durch Kolumbus wurde die Kartoffel in Peru und Chile angebaut. Dort wächst sie auch heute noch wild. Um 1550 wurde sie nach Spanien gebracht, und bereits 1588 baute ein Mann namens Camerarius sie — wo sollte es anders sein — in seinem Garten in Nürnberg an. Es dauerte aber 200 Jahre, bis sie als Feldfrucht bei uns Verbreitung fand. Und das nicht ganz ohne Zwang, wie Geschichtskenner wissen. Was aber wäre unsere heutige Küche ohne Kartoffeln?

*12 mittelgroße Kartoffeln, 50 g Haferflocken, 4 Eigelb, je 1 Prise Salz und Zucker, Fett zum Ausbacken*

Die Kartoffeln reiben oder durch ein Reibegerät geben, den Saft auspressen (übrigens sehr gesund — der Kartoffelsaft!) und die Kartoffelmasse mit den Haferflocken und den 4 Eigelb vermengen, Salz und Zucker zugeben. Aus dem Teig kleine Scheiben formen und in heißem Fett in der Pfanne ausbacken. Mit Apfelmus als Beigabe heiß servieren.

# Nürnberger Rostbratwürste

Kein Schweinfurter Wiesenfest, keine Würzburger Kilianifeier und keine Bamberger Sandkärwa ohne den frankenverbindenden Bratwurstgeruch. Daß die Franken denn auch den Weltrekord im Verzehren ihrer „Broutwärscht" halten — 658 Ellen soll 1658 eine Wurst lang gewesen sein — ist, trotz der dagegen ein wenig klein geratenen Nürnberger Bratwürste, fast eine Selbstverständlichkeit. Hier ein Rezept, mit dem Sie diese berühmte Wurstspezialität selbst herstellen können.

*500 g Schweinefleisch, 150 g Kalbfleisch, 1 Prise feingewiegter Kümmel, 1 Prise Muskat, 1/2 Teelöffel Majoran, Salz, Schweine- oder Schafsdärme, etwas Schweineschmalz*

Das Schweine- und Kalbfleisch auf einem Hackbrett grob durchhacken und mit Kümmel, Muskat, Majoran und Salz gut durchmengen. Die Masse in sorgfältig gereinigte Därme füllen und alle 8 cm ein Würstchen abdrehen. Zum Braten werden sie mit Schweineschmalz bepinselt. Am besten schmecken sie auf einem Rost über Holzkohlenglut von allen Seiten knusprig gebräunt. Dazu mundet vorzüglich Sauerkraut und deftiges Bauernbrot. Als Getränk ist ein würziges Bier zu empfehlen.

# Sauerampfersuppe

Der Name dieser oft zu Unrecht als Unkraut angesehenen Pflanze leitet sich vom althochdeutschen „ampharo" ab, was soviel wie „sauer" bedeutet. Die Blätter dieses wildwachsenden Krauts enthalten sehr viel Vitamin C, Mineralstoffe und vor allem Oxalsäure, die den pfeilförmigen Blättern einen reizvoll säuerlichen Geschmack verleiht.

*200–250 g Sauerampfer; zur Einbrenne: 30 g Fett, 1/2 Zwiebel, 30–40 g Mehl; 1 1/4 Liter Brühe, 2 große Eßlöffel Rahm, 1 Eigelb*

Den Sauerampfer von den groben Stielen befreien, gründlich waschen und abtropfen lassen, mit einem scharfen Messer kleinschneiden oder mit dem Mixer zerkleinern. Nun die Einbrenne herstellen: das Fett in einer Pfanne zerlassen, die geschälte, grob gehackte halbe Zwiebel darin leicht braun rösten und zum Schluß das Mehl unterrühren. Den Sauerampfer hinzugeben, 5 Minuten durchdünsten lassen und das Ganze mit der Brühe auffüllen, mit dem Rahm abschmecken. Die Suppe sollte jetzt noch rund 10 Minuten sanft köcheln und wird zum Schluß mit dem Eigelb legiert.

# Sauerbraten Ochsenfurt

Das Wahrzeichen von Ochsenfurt, das an der engen Mainschleife zwischen Kitzingen und Würzburg liegt, ist das Lanzentürmchen am 1488–1499 erbauten Rathaus, vor dessen alter Spieluhr immer noch zu jeder vollen Stunde zwei Ochsen gegeneinander anrennen. Der Name Ochsenfurt geht auf eine Furt im Main zurück, die das Durchqueren mit einem Ochsenkarren erlaubte.

*1 kg Rindfleisch,
125 g durchwachsener Speck, Fett zum Braten
Für die Marinade: 1 Zwiebel, 1 gelbe Rübe, Salz, 1/4 Liter Weinessig, 6 Pfefferkörner, 1 Gewürznelke, 1 Lorbeerblatt, 2 Wacholderbeeren
Zur Soße: 1 Soßenlebkuchen (etwa 50 g), 1 Prise Zucker, Salz, Pfeffer, 1/8 Liter Sauerrahm, 1 Schuß Weißwein, 1–2 Eßlöffel Preiselbeeren oder 1 Handvoll Rosinen*

Das Fleisch waschen, dann 2–3 Tage in eine Marinade aus 1/2 Liter Wasser, das mit den angegebenen Zutaten aufgekocht wird, legen und kühlstellen. Nach dem Marinieren das Fleisch herausnehmen und gut abtropfen lassen. Den gewürfelten, durchwachsenen Speck und das Fett in eine Schmorpfanne geben, stark erhitzen und das Fleisch hineinlegen. Von allen Seiten gut anbraten und mit der durchpassierten Marinade aufgießen. Etwa 1–1 1/2 Stunden schmoren. Das Fleisch herausnehmen und die Soße durch ein Sieb geben, mit dem geriebenen Lebkuchen binden und aufkochen. Mit den angegebenen Gewürzen pikant abschmecken und Sauerrahm, Weißwein sowie die Preiselbeeren bzw. die Rosinen dazugeben.

# Coburger Schmätzle

Trotz verlockender Kreationen der Konditoreien werden es sich auch moderne Hausfrauen nicht nehmen lassen, Kuchen und Gebäck selbst zu backen, denn schließlich steckt in jedem dieser von Mutter und Großmutter überlieferten Rezepte viel Tradition. Dies verleitet dann auch manchen Kostverächter süßer Schleckereien dazu, seinen Grundsätzen untreu zu werden. Und da gerade hier der Einheimische die Einmaligkeit seiner kulinarischen Jugenderinnerung wiedererkennt und der Fremde ungewohnte Gaumenfreuden entdeckt, ist insbesondere auf die richtige Zusammensetzung der Zutaten zu achten!

*50 g Zitronat, 100 g Nüsse, 2 Eier, 4 Eßlöffel Honig, 1/2 Päckchen Pfefferkuchengewürz, 1 Prise Salz, 1/2 Päckchen Backpulver, 300 g Mehl, 1 Schuß Rum*

Das Zitronat und die Nüsse fein hacken. Die Eier, 3 Eßlöffel Honig, das Pfefferkuchengewürz, das Salz, das Zitronat und die Nüsse gut miteinander verrühren. Das mit dem Backpulver gesiebte Mehl und den Rum dazukneten und aus dem Teig kleine Kugeln formen. Den restlichen Honig mit etwas heißem Wasser verdünnen, die Kugeln damit bestreichen und auf ein gefettetes Backblech legen. Die Schmätzle 20 Minuten lang bei 175° C backen. Die Schmätzle sind zuerst hart und müssen einige Zeit in einer Blechdose gelagert werden.

# Schneeballen

Zu diesem recht zerbrechlichen Gebäck gehört neben viel Fingerspitzengefühl unbedingt ein Kuchenrädchen zum Ausrädeln des Teiges. Die Schneeballen backt man übrigens ganz hell aus; wenn sie goldbraun geraten, nennt man sie Storchennester.

*750 g Mehl, 50 g Butter, 1 Prise Salz, 3 Eier, 2–3 Eßlöffel saurer Rahm, Puderzucker zum Bestreuen, Fett zum Ausbacken*

Das Mehl mit der Butter durchkneten, dann die anderen Zutaten hinzugeben und einen Teig bereiten, der sehr dünn ausgewellt wird. Runde Flecke in der Größe eines Tellers ausradeln und diese wiederum bis auf 1 cm vom Rande entfernt in 1 cm breite Streifen radeln. Nun mit dem Kochlöffelstiel abwechselnd je einen Streifen aufnehmen und einen liegenlassen, bis man den Ballen insgesamt aufgenommen hat. Ins heiße Fett geben und dabei etwas drehen, bis er hellbraun ist.

# Schnickerli

Daß man das Euter einer Kuh essen kann, wird Ihnen kein Norddeutscher abnehmen. Daher ist es ratsam, das fertige Gericht dem Fremden auf den Tisch zu stellen, es kräftig dampfen zu lassen, damit er so richtig auf den Geschmack kommt, ihm ein fröhliches „Wohl bekomms" zuzurufen und ihn essen zu lassen. Erst nach dem Dessert sollte man ihn einweihen. Daß es schmeckt, weiß er dann. Die Franken und Schwaben wissen's eh, und in Frankreich ist das Kuheuter sogar eine beliebte Delikatesse.

*1 kg gut gewaschenes, geputztes Kuheuter, 1 Zwiebel, 2 Nelken, 1 Lorbeerblatt, 1 Eßlöffel Butter, 2 Eßlöffel Mehl, 1/4 Liter Weißwein*

In Stücke geschnittenes Kuheuter in sprudelndem Wasser mit Zwiebel, Nelken und Lorbeerblatt ca. 90 Minuten garkochen. Aus Butter und Mehl eine Mehlschwitze herstellen und mit etwas Eutersud aufgießen. Mit dem Weißwein abschmecken. Zu den Schnickerli reicht man Kartoffeln oder Kartoffelbrei.

# Fränkischer Schweinerücken

Das Schweinefleisch steht nach wie vor ganz an der Spitze der Beliebtheitsskala der deutschen Hausfrau — und das zu Recht. Jede Landschaft hat ihre eigenen Rezepte, und fast jede Köchin macht es wieder eine Nuance anders — es wäre ein untaugliches Unterfangen, auch nur annähernd die vielen Möglichkeiten aufzählen zu wollen. Diesen Schweinerücken sollten Sie unbedingt mit rohen Klößen probieren, Krautsalat gehört auch dazu.

*1 kg Schweinerücken, je 1 gute Prise Salz, Kümmel und Majoran, 1 Bund Petersilie, 1 Tasse Wasser, 1 große Zwiebel, 1 Scheibe Graubrot, 1 Schuß Weißwein*

Das Fleisch wird noch roh vom Rückgratknochen gelöst und mit Salz, Kümmel, Majoran und der feingehackten Petersilie gut eingerieben und auf den Grillrost im Ofen gelegt. In die Grillpfanne nun das Wasser, die zerhackten Knochen, die Zwiebel und das Graubrot geben.
Bei mittlerer Hitze sollte das Fleisch in gut 90 Minuten gar werden, das häufige Begießen nicht vergessen! Die Soße wird zum Schluß durch ein Sieb gegossen und mit Weißwein abgeschmeckt.

# Geräuchertes Schweineschäufele

Brillat-Savarin, der berühmte gastrosophische Schriftsteller und Feinschmecker aus Frankreich, soll einmal gesagt haben: „Sage mir, was Du ißt, und ich sage Dir, wer Du bist." Dies mag für die Klassengesellschaft der letzten Jahrhunderte richtig gewesen sein. Doch wer vermag heute, wo die Speisekarten der Haushalte sich in vieler Hinsicht ähneln, auf Beruf und Stand eines Gastes zu schließen, der geräuchertes Schweineschäufele ißt. Allenfalls könnte man einen Tip auf seine landsmannschaftliche Herkunft wagen — ein Franke könnte es sein, zumal wenn er zu diesem Gericht „Scheiferla" sagt.

*4 geräucherte Schäufele à 400–500 g, 1 kg frisches Sauerkraut, 1 1/2 Liter Wasser*

Aus der Schweineschulter wird die Schaufel mit Schaufelknochen und Schwarte herausgeschnitten und längsseits durchgesägt. Nun werden die Stücke eingepökelt und anschließend heiß angeräuchert. Einfacher ist es, sich die Stücke beim Metzger fertig schneiden, sägen und räuchern zu lassen. Die Schäufele werden in frisches, rohes Sauerkraut gesteckt, 1 1/2 Liter Wasser darüber gegossen und ca. 1 1/4 Stunde gekocht. Das Sauerkraut soll nicht gewürzt werden, damit es den Eigengeschmack des geräucherten Fleisches erhält. Das gar gekochte Fleisch wird mit dem Sauerkraut und Kartoffelpüree serviert.

# Fränkische Soßbirnen

Es ist heute geradezu eine Unsitte, nur Obst zu kaufen, das „astrein" ist, also keine Flecken aufweist. Daß aber beim schön aussehenden Obst oft auch der Geschmack verlorengegangen ist, merken viele Käufer leider nicht mehr. Das ist eigentlich schade, denn gerade die bei uns wachsenden Birnen und Äpfel sind sehr wohlschmeckend, auch wenn sie hier und da etwas verwittert aussehen. So auch die Soßbirnen, die auf den ersten Blick recht ungenießbar wirken — sie haben es allerdings in sich!

*1 1/2 kg Soßbirnen (kleine, grüne, harte und herbschmeckende Birnensorte), 2 Eßlöffel Zucker, 1 Teelöffel Zimt, 3–4 Nelken*

Die Birnen waschen und in einem Topf mit Wasser bedecken, in dem zuvor der Zucker aufgelöst wurde. Zimt und Nelken hinzugeben und gut 45 Minuten weichkochen. Die Stiele nicht entfernen — so wie sie vom Baum kommen, sollen sie auch in den Topf wandern. Die Birnensoße sollte zum Schluß recht dick, sirupartig sein.
Soßbirnen werden warm zu heißem Kartoffelbrei gegessen. Roh kann man sie übrigens kaum essen, denn sie bleiben ewig hart.

# Fränkischer Spießbraten

(für 8 Personen)

Man sagt Odysseus, dem großen Griechen, nach, daß er die Kunst, Wildschweine zu Hausschweinen zu zähmen, erfunden habe. Darauf soll der Reichtum seines kleinen Königreichs Ithaka zurückzuführen sein. Auch die Römer nährten sich ausgiebig vom Schwein.

*1 magere Schweineschulter (ca. 1 1/2 kg), 2 große Zwiebeln, 500 g magerer geräucherter Bauchspeck, 1 Eßlöffel Paprikapulver, 1 Teelöffel Curry, Salz und Pfeffer*
*Soße: 1 Zwiebel, 1 Petersilienwurzel, 1 Karotte, 1 Sellerie, Pfefferkörner, 1 Eßlöffel Tomatenmark, 2 Liter Jus (Bratensaft), Thymian*

Die Schweineschulter gut waschen und über die ganze Breite aufschneiden. Die feingeschnittenen Zwiebelringe und Speckscheiben über dem aufgeschnittenen Fleisch verteilen, kräftig mit Paprika, Curry und frischem Pfeffer würzen. Das Fleisch zum Rollbraten formen und mit einer festen Schnur einwickeln. Nochmals mit Salz und Pfeffer von außen würzen und im vorgeheizten Backofen bei 200° C etwa 80 bis 90 Minuten braten und dann warmstellen. Das in Würfel geschnittene Wurzelgemüse und die Pfefferkörner in der heißen Fleischpfanne anrösten. Danach das Tomatenmark hinzugeben und mit etwas Wasser ablöschen. Den Sud etwas mit Mehl anstäuben und mit dem ungebundenen Jus auffüllen. Die Soße mit Thymian nachwürzen und 10 Minuten kochen lassen, durch ein Sieb passieren und über den Rollbraten gießen. Fränkische Kartoffelklöße und Apfelrotkohl werden als Beilagen serviert.

# Fränkische Sülze (Knöchla-Sulz'n)

*Wenn einer ißt, iß mit –
Wenn einer trinkt, trink' mit –
Wenn einer schafft, laß'n schaffe!*

Diese etwas ironische Maxime wird dem Franken sicher nicht ganz gerecht, denn fleißig ist er. Aber der Kern Wahrheit steckt wohl darin, daß sich die Franken allzugerne zu einem kleinen, herzhaften Vesper, „a Veschperla", zusammenhocken. Und daher gibt es auch eine Vielzahl entsprechender Rezepte, wie zum Beispiel dieses:

*500 g Schweinsfüße, 250 g Kopffleisch vom Schwein, 750 g Schweinefleisch vom Nacken oder Hals, 1 Stange Lauch, 4 Nelken, 1 Lorbeerblatt, 2 in Ringe geschnittene Zwiebeln, Salzwasser, Pfeffer, Essig, 1 Gewürzgurke, 3 gekochte gelbe Rüben, 1 Bund Petersilie*

Die Schweinsfüße, das Kopffleisch und das magere Schweinefleisch mit dem Lauch, den Nelken, dem Lorbeerblatt und den in Ringe geschnittenen Zwiebeln in einem großen Topf in Salzwasser 90 Minuten weich kochen. Das Fleisch von den Knochen lösen und in mundgerechte Stückchen oder Scheiben schneiden, in Suppenteller auslegen und im Kühlschrank kaltstellen. Die Brühe, die mit Pfeffer und Essig pikant abgeschmeckt wird, gelieren lassen und das Fett von der Oberfläche abnehmen. Diese Sulzbrühe dann noch einmal aufkochen lassen. Inzwischen fein geschnittene Scheiben der Gurke und der gelben Rüben sowie die gehackte Petersilie auf dem Fleisch garnieren und die Sulzbrühe darübergießen. Nach dem Erkalten mit Schwarzbrot und einem kühlen, frischen Bier servieren.

# Tatschnudeln

Dies sind keine Nudeln im üblichen Sinn. Wo sonst das Mehl die Grundmasse bildet, sind es hier die Kartoffeln. Auch wenn es etwas ungewöhnlich sein mag, so schmecken diese Kartoffelnudeln doch ganz vorzüglich zu süßem Kompott. Man kann sie allerdings auch zum Braten mit Gemüse reichen.

*1 kg Kartoffeln, 1–2 Eier, 100 g Mehl, je 1 Prise Salz und Muskat, 1/2 Tasse Milch, Fett zum Ausbacken*

Die gewaschenen und geschälten Kartoffeln kochen, noch heiß durch ein Sieb pressen und auskühlen lassen. Die Eier verschlagen und mit dem Mehl, Salz und Muskat zur Kartoffelmasse geben. Alles gut durchmengen und zu einem Teig verarbeiten, der sofort verwendet werden muß, weil er sonst weich wird.
Aus dem Teig bleistiftdicke, ca. 5 cm lange Röllchen formen, diese in die gut gefettete Auflaufform geben und im heißen Ofen goldgelb ausbacken. Zum Schluß die Milch heiß machen und über die Nudeln gießen. Wenn die Milch aufgesogen worden ist, die Nudeln im Ganzen herausschneiden und auf einer Platte oder einem großen flachen Teller reichen.

# Weißkrautsalat mit Speck

Der fränkische Krautsalat — in Norddeutschland heißt er übrigens schlicht Kohl — wird immer aus dem sogenannten Frühkraut bereitet und ist ein reiner Rohkostsalat. Unter dem Frühkraut versteht man jene Weißkrautarten, die schon im Sommer reifen.

*1 mittlerer Weißkrautkopf, 1 Eßlöffel Salz, 1/2 Zwiebel, 1 Teelöffel Rosenpaprika, 1/8 Liter Essigwasser, 1 gute Prise feingehackter Kümmel, 100 g in Würfel geschnittener Speck*

Zunächst die schlechten Außenblätter abbrechen, dann den Kopf zerteilen und den Strunk heraustrennen. Das Kraut wird mit einem langen, scharfen Messer in feine Streifen geschnitten, anschließend mit der Holzkeule gründlich gestampft. Nun das Salz, die feingehackte halbe Zwiebel und den Paprika hinzufügen, das Ganze eine gute halbe Stunde ziehen lassen. In der Zwischenzeit das Essigwasser mit dem Kümmel aufkochen und noch heiß über den Salat gießen. Erst unmittelbar vor dem Auftragen wird der Speck ausgebraten und über das Kraut gegeben, möglichst ohne das Auslaßfett. Man kann als Ersatz auch 100 g zerlassene Butter darübergießen.

# Wildschweinbraten

Im Land zwischen Spessart und Rhön, Fichtelgebirge und Frankenwald wurde und wird natürlich auch gern gejagt — der Wildbestand ist reichhaltig.

*1 Frischlingsrücken oder Schlegel (Keule), je 1 Prise Salz und Pfeffer, 60–80 g Fett, 50 g Speck, 1 Teelöffel Wacholderbeeren, einige Nelken, 2 Zwiebeln, 1 Teelöffel Pfefferkörner, 2 Lorbeerblätter, Brotrinde von einer Scheibe Graubrot, 1/4 Liter Brühe, 1/4 Liter Rotwein; zum Binden: 2 Teelöffel Mehl oder Stärkemehl; 6 Eßlöffel Rahm, 2–3 Eßlöffel Johannisbeergelee*

Das gut abgehangene Fleisch waschen — wenn noch Schwarte, die ohne Borsten sein muß, vorhanden sein sollte, diese in kleinen Karees einritzen. Das Fleisch mit Salz und Pfeffer einreiben und mit dem zuvor heißgemachten Fett übergießen, dann den Speck, die Gewürze und die Brotrinde hinzufügen. Nun im Bräter in der vorgeheizten Röhre so lange braten, bis das Fleisch schön braun ist, anschließend die Brühe hinzugießen und den Schlegel wenden. In der zweiten Hälfte der Bratzeit mit dem Rotwein auffüllen und den Braten mehrmals mit dem eigenen Saft übergießen. Die Brathitze sollte bei 200–220° C liegen, die Bratdauer beträgt auf der unteren Schiene im Ofen für den Rücken 1–1 1/2 Stunden, für den Schlegel 1 1/2–2 Stunden. Das Fleisch sollte am Knochen zart rosa sein. Den garen Braten aus der Soße nehmen und heißstellen, die Soße mit dem Mehl binden und aufkochen lassen, dann mit dem Rahm und Johannisbeergelee abschmecken.
Das Fleisch vom Rücken schneidet man schräg zur Faser, vom Schlegel quer zur Faser und überzieht es dann mit der Soße.

# Zicklein gebacken

Die Ziege war schon im klassischen Griechenland und Rom die „Kuh des kleinen Mannes" — man aß ihr Fleisch, trank ihre Milch oder machte Käse daraus. Aus dem Fell fertigte man Decken, die Haut wurde zu Schläuchen für Wasser und Wein verarbeitet. Heute ist von all dem kaum etwas geblieben, bis auf den bei Kennern geschätzten Ziegenkäse. Dennoch sollten Sie gerade das hier beschriebene Gericht probieren — es ist eine Delikatesse.

*1 1/2 kg junges Ziegenfleisch (Schulter, Hals, Brust); zum Sud: Salzwasser, 1 mit Nelken gespickte Zwiebel, 1 Karotte, 1 Zitronenscheibe, 1 Stück Lauch; zum Ausbacken: 150 g Mehl, knapp 1/4 Liter Bier, 1 Eßlöffel Öl, 1 Prise Salz, 2 Eiweiß, genügend Fett*

Die Zutaten ins Salzwasser geben und den Sud 20 Minuten kochen lassen, die recht groß geschnittenen Fleischstücke 15–20 Minuten darin ziehen lassen, dann herausnehmen und auf ein Sieb zum Abtrocknen geben. Zwei Stunden vorher Mehl, Bier, Öl und Salz zu einem glatten Teig verrühren und kurz vor dem Garwerden des Fleisches das steifgeschlagene Eiweiß darunterziehen. Die noch warmen Fleischstücke in den Teig tauchen und im heißen Fett schwimmend goldgelb ausbacken. Dazu reicht man Kartoffelsalat und Salate der Jahreszeit.

# Zwetschgenblootz

Viele Liebhaber von Obstkuchen warten Jahr für Jahr auf den August, denn das ist der Monat, in dem die Zwetschgen reif werden. Die eiförmigen blauen Früchte mit ihrem gelben, säuerlichen Fleisch sind aus verschiedenen Kreuzungen wildwachsender orientalischer Obstarten entstanden.

*Teig:* 500 g Mehl, 30 g Hefe, 1 Prise Salz, 1 Prise Zucker, 125 g Schmalz, 3 Eigelb, 1/4 Liter Milch
*Belag:* 2,5 kg reife Zwetschgen, Zucker und Zimt zum Bestreuen, 100 g gehackte Mandeln, 100 g Semmelbrösel, 150 g Zucker, 8 Eßlöffel Zwetschgenwasser

Das vorgewärmte Mehl in eine Schüssel geben, in der Mitte eine kleine Mulde formen und die mit etwas lauwarmer Milch und Zucker aufgelöste Hefe hineingießen. Mit etwas Mehl zu einem Teig rühren und diesen Vorteig zugedeckt gehen lassen. Das zerlassene Schmalz, Eigelb, Salz und den Rest lauwarmer Milch hinzugeben und alles zu einem glatten, festen Teig kneten, der sich von der Schüssel löst. Nochmals aufgehen lassen, dann fingerdick ausrollen und ein gefettetes Blech gleichmäßig damit belegen. Die Teigränder werden etwa 2 cm hoch angedrückt. Jetzt muß der Teig nochmals 20 Minuten ruhen. Inzwischen werden die Zwetschgen halbiert, entkernt und innen etwas angeschnitten. Die Zwetschgen ordentlich mit der Schnittkante nach oben dicht auf den vorbereiteten Teig legen, mit Zucker und Zimt bestreuen und einige Minuten stehen lassen. Dann bei 200° C im Backofen 30 Minuten backen. Mandeln, Semmelbrösel und Zucker mit dem Zwetschgenwasser vermischen und anschließend über den fertigen Kuchen verteilen.

# Fränkische Zwiebelsuppe

Man nennt dieses Gericht auch „Aufbrennte", denn man brennt die Suppe erst bei Tisch auf — in Schweineschmalz geröstete Zwiebeln werden als Krönung auf die fertige Suppe gegeben.

*1 Bund Suppengrün, 1 Liter Fleisch- oder Würfelbrühe, 3 Zwiebeln, 50 g Schweineschmalz, je 1 Prise Pfeffer und Salz*

Das Suppengrün putzen und waschen, in kleine Würfel schneiden und gut 20 Minuten in der Brühe kräftig durchkochen. In der Zwischenzeit die kleingeschnittenen Zwiebeln im Schmalz rösten. Die Suppe mit Pfeffer und Salz abschmecken und in einer Suppenterrine auf den Tisch geben. Erst jetzt die gerösteten Zwiebeln mit dem Schmalz in die Brühe geben.
Man reicht dazu frisches Weißbrot oder deftiges Schwarzbrot.

# Schlußwort

Ohne bereitwillige Unterstützung durch Bibliotheken und Museen, ohne die wertvollen Tips fränkischer Gastronomen und ohne den begeisterten Einsatz unserer Fotografen, Lithografen, Drucker und Buchbinder hätte das vorliegende Buch in dieser Gestaltung nicht entstehen können. Unser besonderer Dank gebührt

Frau Helga-Marie Leicht vom Hotel-Gasthof Leicht in Biebelried,

Frau Petra Pfaff vom Gasthof „Zur Schwane" in Volkach,

der Landwirtschaftlichen Schule und Fachschule für Tabak- und Hopfenbau in Roth, Frau Gertrud Schottdorf in Uffenheim

und nicht zuletzt dem trefflichen Franken Richard Rother, der es mit seinen unnachahmlichen Holzschnitten versteht, fränkische Atmosphäre einzufangen. Unser Bild auf Seite 194 zeigt den Künstler an seinem Stammtisch im Gasthof Leicht zu Biebelried in Gesellschaft des Wirtsehepaars.

# Die Rezepte nach Gruppen

Soweit in den Rezepten nichts anderes
vermerkt ist, sind die Zutaten für vier Personen
berechnet.

## Brotzeit – Zwischengerichte

Bauernseufzer mit Kren   44
blaue Zipfele   48
Bratwurst in Biersoße   52
Nürnberger Gwerch   80
Häcker-Brotzeit   82
Kühkäs   124
Liptauer   128
fränkische Sülze (Knöchla-Sulz'n)   180

## Suppen und Eintopfgerichte

fränkische Brennsuppe   54
fränkische Brotsuppe   56
Buttermilchsuppe   58
Erbsenbrei   68
fränkische Gärtnerin   70
Nürnberger Gemüsesuppe   76
Hutzelbrüh mit grüna Backes   98
fränkische Karpfensuppe   108
aufgeschmelzte Kartoffelsuppe   112
Kümmerlessuppe   126
Volkacher Metzelsuppe   142
Pfifferlingsuppe   150
Pichelsteiner Topf   152
Sauerampfersuppe   162
fränkische Zwiebelsuppe   192

## Gemüse, Salat und Soßen

Erbsenbrei   68
Nürnberger Kohlrabi   118
Meerrettichsoße – Kren   138
Rapunzelsalat   154
fränkische Soßbirnen   176
Weißkrautsalat mit Speck   184

## Klöße oder Knödel, Mehlspeisen, Kartoffelgerichte

baumwollne Klöße   46
Coburger Klöße   60
Hascheeknödel mit Sauerkraut   86

Hefebuchteln   88
Hollerküchle   92
Kirschenmännla   116
feine Mehlknödel   140
fränkische Pfannkuchen   148
Reibedatschi   158
Schneeballen   168
Tatschnudeln   182

## Fischgerichte

Karpfen „Nürnberger Art"   106
fränkische Karpfensuppe   108
Mainhecht in Sauerrahm   130
Meefischli gebacken   136

## Fleisch- und Wurstgerichte

Bauernseufzer mit Kren   44
blaue Zipfele   48
Bratwurst in Biersoße   52
gebratene Knöchla   72
Geröstel   78
fränkisches Kalbsbries   100
Kalbshaxe blau   102
Kalbsnierenbraten   104
Kärrnersbraten   110
Bamberger Krautbraten   120
Krautwickerle   122
gesottenes Ochsenfleisch   146
Nürnberger Rostbratwürste   160
Sauerbraten Ochsenfurt   164
Schnickerli   170
fränkischer Schweinerücken   172
geräuchertes Schweineschäufele   174
fränkischer Spießbraten   178
fränkische Sülze (Knöchla-Sulz'n)   180
Zicklein gebraten   188

## Wild und Geflügel

gefüllter Gänsehals   74
Hirsch in Nußrahm   90

Rebhuhn „Weinhändler"   156
Wildschweinbraten   186

## Zum Nachtisch

Dämpfäpfel in Weinschaumsoße   62
fränkische Pfannkuchen   148

## Kleingebäck

Blöcher   50
Dätscher   64
Würzburger Eiermarzipan   66
Hagebuttenschnitten   84
Hefebuchteln   88

Hollerküchle   92
Coburger Makronen   134
Nürnberger Lebkuchen   144
Coburger Schmätzle   166

## Kuchen

Honigkuchen mit Walnüssen   94
Hutzelbrot   96
fränkischer Käsekuchen   114
Zwetschgenblootz   190

## Getränk

Maiwein   132

# Die Rezepte alphabetisch

aufgeschmelzte Kartoffelsuppe   112

Bamberger Krautbraten   120
Bauernseufzer mit Kren   44
baumwollne Klöße   46
blaue Zipfele   48
Blöcher   50
Bratwurst in Biersoße   52
Brennsuppe, fränkische   54
Brotsuppe, fränkische   56
Buttermilchsuppe   58

Coburger Klöße   60
Coburger Makronen   134
Coburger Schmätzle   166

Dämpfäpfel in Weinschaumsoße   62
Dätscher   64

Eiermarzipan, Würzburger   66
Erbsenbrei   68

fränkische Brennsuppe   54
fränkische Brotsuppe   56
fränkische Gärtnerin   70
fränkisches Kalbsbries   100
fränkische Karpfensuppe   108
fränkischer Käsekuchen   114
fränkische Pfannkuchen   148
fränkischer Schweinerücken   172
fränkische Soßbirnen   176
fränkischer Spießbraten   178
fränkische Sülze   180
fränkische Zwiebelsuppe   192

Gänsehals, gefüllter   74
Gärtnerin, fränkische   70
gebratene Knöchla   72
gefüllter Gänsehals   74
Gemüsesuppe, Nürnberger   76
geräuchertes Schweineschäufele   174
Geröstel   78
gesottenes Ochsenfleisch   146
Gurkensuppe   126
Gwerch   80

Häcker-Brotzeit   82
Hagebuttenschnitten   84
Hascheeknödel mit Sauerkraut   86
Hecht in Sauerrahm   130
Hefebuchteln   88
Hirsch in Nußrahm   90
Hollerküchle   92
Honigkuchen mit Walnüssen   94
Hutzelbrot   96
Hutzelbrüh mit grüna Backes   98

Kalbsbries, fränkisches   100
Kalbshaxe blau   102
Kalbsnierenbraten   104
Karpfen „Nürnberger Art"   106
Karpfensuppe, fränkische   108
Kärrnersbraten   110
Kartoffelsuppe, aufgeschmelzte   112
Käsekuchen, fränkischer   114
Kirschenmännla   116
Klöße, baumwollne   46
Klöße, Coburger   60
Knöchla, gebratene   72
Kohlrabi, Nürnberger   118
Krautbraten, Bamberger   120
Krautwickerle   122
Krensoße   138
Kühkäs   124
Kümmerlessuppe   126

Lebkuchen, Nürnberger   144
Liptauer   128

Maibowle   132
Mainhecht in Sauerrahm   130
Maiwein   132
Makronen, Coburger   134
Meefischli gebacken   136
Meerrettichsoße – Kren   138
Mehlknödel, feine   140
Metzelsuppe, Volkacher   142

Nürnberger Gemüsesuppe   76
Nürnberger Gwerch   80

Nürnberger Kohlrabi   118
Nürnberger Lebkuchen   144
Nürnberger Rostbratwürste   160

Ochsenfleisch, gesottenes   146

Pfannkuchen, fränkische   148
Pfifferlingsuppe   150
Pichelsteiner Topf   152

Rapunzelsalat   154
Rebhuhn „Weinhändler"   156
Reibedatschi   158
Rostbratwürste, Nürnberger   160

Sauerampfersuppe   162
Sauerbraten Ochsenfurt   164
Schmätzle, Coburger   166
Schneeballen   168

Schnickerli   170
Schweinerücken, fränkischer   172
Schweineschäufele, geräucherte   174
Soßbirnen, fränkische   176
Spießbraten, fränkischer   178
Sülze, fränkische   180

Tatschnudeln   182

Volkacher Metzelsuppe   142

Weißkrautsalat mit Speck   184
Wildschweinbraten   186
Würzburger Eiermarzipan   66

Zicklein gebacken   188
Zwetschgenblootz   190
Zwiebelsuppe, fränkische   192

## Bildquellen

Hans-Joachim Döbbelin: 44–193
Edmond van Hoorick: 24/25
Kinkelin/Koch: 14/15
Peter Mueck:
2, 6, 8, 12/13 (5), 20/21 (4), 28/29 (12),
32/33 (2), 36/37, 38/39 (4), 194
C. L. Schmitt: 18/19
Stadtbibliothek Nürnberg,
Abteilung Sammlungen,
aus dem „Hausbuch der Mendelschen
Zwölfbrüderstiftung", Band 1,
fol. 20v: 35
Otto Ziegler: 22/23

In unserer Kochbuchreihe

# Kulinarische Streifzüge

sind in gleicher Ausstattung
bereits erschienen
die Bände

## Schwaben

## Friesland

Als nächstes erscheint
der Band

## Bayern

Die Reihe wird fortgesetzt

sigloch edition

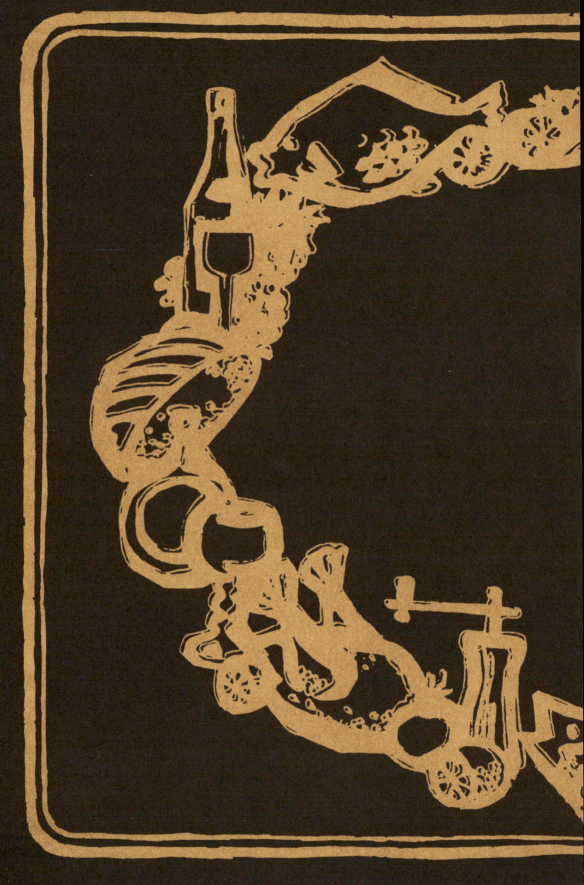